Heike Baum
Kleine Kinder – große Gefühle

Heike Baum

Kleine Kinder – große Gefühle

Kinder entdecken spielerisch ihre Emotionen

Herder Freiburg · Basel · Wien

Gedruckt auf umweltfreundlichem,
chlorfrei gebleichtem Papier

2. Auflage

Einbandgestaltung: Joseph Pölzelbauer, Freiburg
Einbandillustration: Hans-Günther Döring, Welle
Textillustrationen: Theora Krummel, Münster

Satz: DTP-Studio Helmut Quilitz, Denzlingen
Druck und Bindung: Freiburger Graphische Betriebe 1999
ISBN 3-451-26968-6

Inhalt

Vorwort

Die Kindheit ist für viele Erwachsene ein nostalgisch verklärter Lebensabschnitt ohne Sorgen, Ängste und Schwierigkeiten. Wer direkt mit Kindern zu tun hat, weiß es besser. Kinder brauchen Unterstützung, um Probleme zu lösen und schwierige Zeiten durchzustehen. Kinder haben viele Ängste, die oft nicht real erklärbar sind, und trotzdem ist es wichtig, sie ernst zu nehmen. Dies trifft für alle Kinder zu: Nicht nur Kinder, die in einer schwierigen familiären Situation aufwachsen oder von Schicksalsschlägen getroffen werden, sind von Sorgen und Ängsten geplagt.

Spiele, die Mut machen und Bewußtsein für Gefühle schaffen, können hier helfen. Für dieses Buch habe ich Spiele entwickelt und zusammengestellt, mit denen Kinder ihre eigenen Sorgen besser spüren, erkennen und formulieren lernen. Das ist der erste Schritt. Kinder brauchen sich nicht als Opfer zu fühlen. Sie können mit Hilfe der Spiele und Methoden lernen, sich stark zu fühlen und ihre Schwierigkeiten aktiv zu lösen, für sich selbst zu sorgen und ihre Bedürfnisse auszusprechen.

Doch bevor Erwachsene mit Kinder in dieses Thema einsteigen, ist es wichtig, daß die Großen ihren eigenen Gefühlen auf die Spur kommen. Kinder lernen vor allem durch Identifikation, und die Erwachsenen sollten sich deshalb genau überlegen, was sie den Kindern an Beispielen geben. Deshalb sind im zweiten Kapitel Spiele und Übungen für die Erwachsenen enthalten. Diese sollen gemeinsam im Team einmal probiert und reflektiert werden.
In diesem Buch finden Sie viel vom notwendigen Ernst, bei dem der Spaß am Spielen nicht verloren gehen soll.
Sicher ist es eine Reise voller Überraschungen zu sich selbst und zu anderen. Ich wünsche Ihnen und den Kindern dabei viele positive Erfahrungen.

Heike Baum

1. Kindheit ist nicht kinderleicht

1.1 Kleine Entwicklungspsychologie für Erzieherinnen

Auch in den Familien, in denen die Kinder sehr behütet aufwachsen, gehen die Tage der Kindheit in den ersten sieben Jahren mit vielen Ängsten und Sorgen einher. Das unverwundbare Kind ist eine Legende aus längst vergangenen Zeiten. Keine noch so gute Mutter, kein Vater dieser Welt und auch keine Erzieherin kann verhindern, daß Kinder sich grämen, Angst haben und sich Sorgen machen.

Es sind wichtige und normale Entwicklungsschritte, die ein Kind braucht, um mit den vielen Eindrücken fertig zu werden, die die Welt bei ihm hinterläßt, sie zu verarbeiten und sich auf spätere schwierige Situationen vorzubereiten.

So ist es wichtig, sich als Erwachsener von dem Bild zu verabschieden, jemand könnte die von uns unerwünschten Erfahrungen wie Sorgen, Ängste, innere Nöte von Kindern fernhalten.

Die Urangst steckt in uns allen und hat lebenserhaltende Funktion. In sehr viel früheren Zeiten war der Mensch ständig darauf eingestellt, vor bedrohlichen Situationen zu flüchten, z.B vor wilden Tieren, mit denen verglichen er recht schwach war. Erst die Entwicklung einer höheren Technik ließ ihn in einem Kampf mit Raubtieren auf Leben und Tod überleben. Zuvor war der Mensch darauf angewiesen gewesen, früh zu spüren, wenn ihm Gefahr drohte und dann entsprechend schnell zu reagieren. Noch heute ist unsere Körper in dieser Hinsicht sensibel programmiert. Besteht Gefahr für Leib und Seele oder erschrecken wir, wird, vom Hypothalamus gesteuert, von den Nebennieren das Hormon Adrenalin ausgeschüttet. Es beschleunigt den Herzschlag und regt somit die Blutzirkulation an. Besonders der Kopf, die Arme und die Beine werden mit Blut versorgt, das den inneren Organen entzogen wird. Das Hormon sorgt auch dafür,

daß vermehrt Blutzucker ausgeschüttet wird. Der ganze Körper ist damit in einen Zustand versetzt, in dem er körperliche Höchstleistungen vollbringen kann. Der Körper sagt: Denke schnell, kämpfe gut oder fliehe jetzt!
Die Menschen haben über viele Jahrhunderte überlebt, weil sie diese Form von Angstreflex besitzen.

Solange kleine Kinder oder Babys kein Ich-Bewußtsein haben (das beginnt sich erst ab dem 15ten Lebensmonat zu entwickeln), erleben sie lediglich die Reaktionen auf Angst und begreifen weder, was vor sich geht, noch, was dabei mit ihnen passiert. So kommt es vor, daß ein Baby über das Klingeln des Telefons erschrickt und damit die körperliche Reaktionskette in Gang setzt. Dieses Herzjagen, die körperliche Unruhe verunsichert das Kind noch weiter. Es weint, weil mit ihm Dinge geschehen, die es nicht versteht und auf die es keinen Einfluß hat. Nur die Ruhe und das Getröstetwerden von vertrauten Personen können ihm die Sicherheit wiedergeben, die es braucht, um sich wieder zu beruhigen.
So ist es wichtig, daß ein Kind früh lernt, nicht mehr vor der eigenen Angst zu erschrecken. Eltern können es dabei unterstützen, indem sie wissen, welche Ängste ihre Kinder aufgrund der altersbedingten Entwicklung haben, und dementsprechend fürsorglich reagieren. Je jünger das Kind ist, desto wichtiger ist die Hilfe der Eltern oder Geschwister bei der Angstüberwindung. Dabei braucht ein Baby besonders das Gefühl, nicht alleine zu sein, ohne daß es dazu ständig körperlicher Nähe bedarf.

Ängste sind oft mit bestimmten Stufen der emotionalen und geistigen Reife verbunden. So gibt es Ängste, die mit zunehmendem Alter ab- und andere, die zunehmen. Ein Baby wird sich an das Telefon (oder an andere laute Geräte und Geräusche) gewöhnen, wenn es in der Lage ist, wahrzunehmen, wie unbefangen die Eltern mit dem Apparat umgehen.
Etwa ab dem achten Monat nimmt die Trennungsangst bei Kindern zu. Ein Kind kennt und erkennt nun die ihm vertrauten Gesichter. Auch wenn es in diesem Alter noch keine schlechten Erfahrungen mit Fremden gemacht hat, reagiert es ängstlich und mit Scheu. Allein die Tatsache, daß da aus dem Nichts ein frem-

der Großer auftaucht, ist besorgniserregend. Woher soll ein Kind denn auch wissen, daß außerhalb seines Blickfeldes eine große weite Welt liegt, auf der noch viele andere und unbekannte Menschen leben.
Im zweiten Lebensjahr, also ab dem 12 Monat, beginnt für das Kind eine wunderbare Phase. Es entdeckt sich selbst als Mittelpunkt der Welt. Ein Knopf gedrückt, und schon laufen bunte Figuren und Menschen im Fernseher herum; noch einmal betätigt, und sie verschwinden wieder. Das Kind lernt laufen und erreicht nach und nach alles, was es untersuchen möchte. Es kann Reaktionen auslösen, die immer wieder dasselbe Muster haben. Löffel vom Tisch werfen: Andere heben ihn auf. Katze am Schwanz ziehen: Sie läuft davon. Telefon herunterwerfen: Es tutet. Bruder an den Haaren ziehen: Er schreit. Das Kind erfährt zum ersten Mal in seinem Leben Selbstbewußtsein, weil es Dinge auslösen und damit bewußt etwas erreichen kann, was es selbst so gewollt hat. Damit geht aber die nächste Angst Hand in Hand. Wenn es sich selbst als den alles Bestimmenden erlebt, kann es nicht verstehen, warum es am Himmel blitzt, obwohl es selbst keinen Schalter betätigt hat. Und noch viele weitere unerklärliche Dinge geschehen in der Welt des Kindes. Wenn es den Staubsauger einschaltet, saugt dieser Schnipsel ein. Wie kann sich ein Kind denn sicher sein, daß es selbst nicht in diesem Ungeheuer verschwindet?

Ich selbst erinnere mich daran, daß ich als kleines Mädchen im Märchenpark war. Dort gab es ein Ungeheuer das immer rief: „Gib mir Papiiiier, gib mir Papiiier!" Nachdem die Taschen meiner Familie geräumt waren, begann ich alles aufzusammeln und an den Drachen zu verfüttern, was ich finden konnte. Die Spannung bestand darin, etwas tief in den Schlund zu werfen, ohne dabei selber hineinzugeraten. Ebenso ergeht es dem Kind in der Badewanne: Das viele Wasser verschwindet im Abfluß, und das Kind hat keine Ahnung, daß ihm nichts passieren kann. Etwas geschieht, das es nicht beeinflussen kann und das somit die Machtposition der Kinder in Frage stellt und es bedroht.

Parallel entsteht die Angst vor unbeeinflußbaren Naturereignissen und vor dem Verlassenwerden. Die Kinder lernen erst mit der Zeit – so um 2 Jahre –, ein Bild von der Mutter oder dem Vater in sich selbst zu produzieren. Das kann für einige Minuten die Anwesenheit der Eltern entbehrlich machen. Dann allerdings muß ein Elternteil wieder zur Verfügung stehen, um dem Kind wieder Schutz und Sicherheit geben zu können. Nach und nach reicht es, die Mutter zu hören, sie von weitem immer wieder sehen zu können. Über kurze Zeiträume bietet auch das geliebte Kuscheltier die Sicherheit, die es braucht, um einige Zeit ohne die Eltern aushalten zu können. Spielt das Kind in seinem Zimmer, und die Mutter dieses zweijährigen Kindes ist in der Küche, kommt das Kind von Zeit zu Zeit wieder angelaufen, muß kurz nachsehen, ob alles wie bisher ist, und kann dann beruhigt weiter spielen. Normal ist, daß ein Elternteil erreichbar ist und das Kind wahrnimmt, es kurz streichelt, mit ihm spricht und anzeigt: Ich liebe dich, alles ist in Ordnung, und nichts ist anders als sonst. Das Kind braucht diese Sicherheit dafür, daß es sich weiter verselbständigen kann. In diesem Alter muß es erfahren, daß es, wenn es selbständig wird und mal weggeht, jederzeit

wiederkommen kann, daß es dabei nichts verliert und an Nähe zu den Eltern einbüßt, sondern Selbständigkeit dazugewinnt.
Ist kein Elternteil präsent, erschrickt das Kind, und es bekommt Angst, für immer allein gelassen zu sein. Es beginnt in diesem Alter, das eigene Verhalten mit dem der anderen in eine Verbindung zu setzen, das heißt, es fängt an, die ersten Erfahrungen von etwas wie „Schuldigsein" zu machen.
Diese Erfahrungen bleiben nicht aus, ist doch ein Kind mit dem Beginn seiner „Ich-Findungs-Phase" damit beschäftigt, eigene Wege auszuprobieren. Es muß zwangsläufig mit der Mutter oder dem Vater in Konflikt geraten, da es natürlich häufig andere Dinge tun will, als die Eltern erlauben können. Nein- oder Trotzphase wird dieser Zeitraum deshalb auch häufig genannt, in dem „nein" das beliebteste Wort eines Kindes ist. Und aus der Sicht der Kleinen gesehen, ist es ja auch faszinierend, nein, nein und nochmals nein, es hat den Sinn dieses Wortes begriffen. Nein heißt: Ich will nicht, ich mache nicht, ich widersetzte mich dieser großen Macht der Erwachsenen, denen ich bisher blind gefolgt bin. Diese Zeiten sind jetzt vorbei. Ich habe ihnen ein schlagendes Argument entgegenzuhalten. Nein – das bringt die Großen aus der Fassung. Sie versuchen, mich zu überreden, mich zu locken und mir zu drohen, und doch können sie es nicht erzwingen, weil ich es jetzt selbst bestimmen kann. Es gibt ein Ja und ein Nein, wichtige Wörter, die sich jedes Kind sehr gut merkt. Damit hat es in der Hand, was mit ihm geschieht. Es bestimmt über sich. Welch ein Triumph!
Das geht nicht ohne Streit. Eltern müssen die schwierige Balance zwischen Selbstbestimmung und notwendiger Grenzerfahrung finden, die Kinder brauchen. Und die Kinder fühlen sich in diesem Alter so stark, während die Eltern häufig hilflos sind. Gerade weil dies eine Zeit ist, in der Kinder zum ersten Mal immer wieder mit ihren Eltern in Konflikt geraten, weil sie selbst sich nicht in gewünschten Bahnen bewegen, haben die Kinder Angst, von ihren Eltern verlassen zu werden. Oft schlafen sie in dieser Zeit schlecht, werden von Alpträumen geplagt und müssen nachts immer wieder erfahren, daß trotz der Auseinandersetzung am Tage die Eltern in der Dunkelheit für Sicherheit und Schutz sorgen. Ein wenig Streicheln, manchmal nur ein tröstlicher Ruf aus dem Schlafzimmer reichen dem Kind, um wieder in Ruhe und Geborgenheit schlafen zu können.

Im Alter von vier Jahren bekommt ein Kind ein Bewußtsein von der eigenen Körperlichkeit. Es beginnt, sich als ein Wesen, das verletzlich ist, zu erleben. Dabei gerät es in Panik, fühlt sein Ich bedroht, weil es nun versteht, daß es selbst dieser Körper ist und ihn braucht, um leben zu können. Erstmals tauchen Fragen auf wie: „Woher kommen die Babys?“ oder: „Wie bekommen Babys denn Ihre Haut?“ Die Bedeutung der Haut für Kinder liegt darin, daß sie alles zusammenzuhalten scheint.
Kinder springen nun nicht mehr mit dem gleichen Urvertrauen vom Tisch, daß sie sicher aufgefangen werden. Sie denken auf dem Klettergerüst darüber nach, daß sie herunterfallen, wenn sie nun nicht richtig greifen. Sie begreifen, daß sie sich dabei nicht „nur“ Schmerzen verursachen, sondern sich auch ernsthaft verletzen können.
Kinder haben in diesem Alter genau aus diesem Grund soviel Angst vor dem Zahnarzt, der mit gefährlichen Instrumenten im Mund arbeitet oder vor anderen Ärzten, die ihnen Blut abnehmen oder Spritzen geben, oder sogar vor dem Friseur.

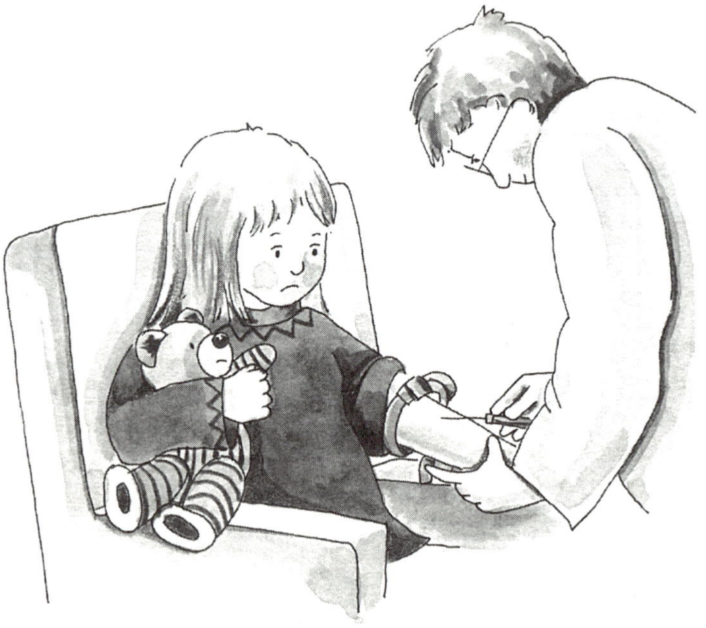

Zudem sind sie besonders aufmerksam, wenn die Eltern von Toten reden, von Ameisen, die alles auffressen, oder von Mäusen, die sich durch alles hindurchgraben. Wer sagt denn, daß das Kind nicht wie Oma nie mehr aufwachen wird, wenn es einschläft, wer beweist ihm, daß die Ameisen es nicht fressen und Mäuse sich nicht durch das Kind hindurchgraben? Und wenn die Gelatine sich im Wasser auflöst, passiert dies ihm auch selbst in der Badewanne?

Solche Fragen verunsichern ein Kind sehr. Gleichzeitig ist es ein Alter, in dem die Kinder die Welt begreifen wollen und dafür bereit sind, sich von den Eltern zu lösen. Dabei lösen sich die Eltern umgekehrt auch vom Kind. Die symbiotische Beziehung zu einem vertrauten Elternteil ist Vergangenheit. Der Kindergarten, die musikalische Früherziehung oder der Vereinssport, das Ballett und vieles mehr stehen an; Situationen, die das Kind allein bewältigen muß und die hohe Anforderungen an das Kind stellen. Es muß hier ohne Mutter oder Vater auskommen, sich in einem neuen Raum zurechtfinden und mit neuen Geräuschen und anderen Kinder auseinandersetzen. Kinder brauchen in dieser Zeit ausgleichende und behütetende Situationen, in denen sie sich von den Anstrengungen in ihrer eigenen Welt erholen können.

Manche Kinder zeigen in dieser Phase regressive Verhaltensweisen. Das bedeutet, sie fallen zuhause in ein früheres, bereits überwundenes Verhalten zurück. In der Welt außerhalb des vertrauten Zuhauses müssen sie so groß sein, so vernünftig und so selbständig, daß sie als Ausgleich wieder symbiotische Momente mit den Eltern erleben müssen. Sie wollen verwöhnt werden, keine Entscheidungen treffen müssen und die Verantwortung den Großen überlassen. Es kann sein, daß Kinder in diesem Alter wieder nach der bereits weggelegten Flasche verlangen und morgens auf dem Schoß der Mutter ihren Kakao trinken wollen, sozusagen als psychische und physische Stärkung für den Tag. Oder die Mutter soll ihnen abends das Brot wieder klein schneiden, sie füttern, sie anziehen und vieles mehr. Es gibt sensible Kinder, die in dieser Phase noch einmal für eine kurze Zeit nachts einnässen. Bei diesen Problemen ist den Kindern am meisten geholfen, wenn sich die Eltern auf das Spiel einlassen, mit den Kindern nochmals einen Schritt zurückgehen und deren Entwicklungstempo als Maßstab nehmen. Wenn ein Kind nicht um diese Fürsorge kämpfen muß, sondern sie einfach erhält, braucht es nicht lange, um wieder den Schritt nach vorne gehen zu können. Es weiß ja für den Notfall – wenn es also überfordert ist –, daß es wieder zurück kann.

Bis zum siebten Lebensjahr beginnt das Kind sich Dinge, die es erkennt, auch zu erklären. Es stellt Experimente an, wie etwas geschehen kann, und versucht zu entdecken, wer dem Kuckuck in der Uhr sagt, wann er rufen soll. Ich selbst habe bei einem dieser Versuche entdeckt, wie Regen entsteht. In der Badewanne versteht sich! Ein Sieb muß dazu mit Wasser gefüllt werden (Sandkastensiebe taugen dazu nichts, das ist Spielzeug. Es muß schon das Gemüsesieb sein!). Wenn es mit Wasser gefüllt hochgehoben wird, kommen wie bei einem starken Regen die Tropfen heruntergeprasselt. Es fühlt sich wie Regen an, es sieht wie Regen aus, und es hört sich genauso an. So blieb nur die Frage, wer das Sieb zu Regenzeiten immer aufbaut. Aber auch das ist schnell klar: Es kann sich nur um die Schwester von Frau Holle oder um Engel handeln. Ich hatte noch nie etwas davon gehört, daß Frau Holle eine Schwester habe, also waren es für mich Engel: Die einen Engel halten das Sieb, und die anderen Engel schütten mit schweren Gießkannen das Wasser hinein. Damit es unterschiedlich starken Regen gibt, haben die Engel verschiedene Siebe mit unterschiedlich fein gespannten Netzen. Sie mögen schmunzeln, doch genau in dieser höchst wissenschaftlichen Art denken Kinder. Ich erinnere mich so genau an diese Geschichte, weil ich im letzten Kindergartenjahr der Gruppe den Regen genauso erklärte. Ich war überzeugt davon, weil ich Versuche unternommen hatte, und die Schlüsse logisch waren. Allerdings lachten die Kindergärtnerin und die anderen Kinder mich aus. Als ich in diesem Zusammenhang die schlichte und entmythologisierte Wahrheit erfuhr, war es mir sehr, sehr peinlich. Ich beschloß, in Zukunft meine Entdeckungen für mich zu behalten und später, wenn ich groß wäre, mit meinen wissenschaftlichen Neuheiten die Welt in Staunen zu versetzen. Jedenfalls wollte ich es der lachenden Kindergärtnerin zeigen.
Diese Situation zeigt zwei Dinge. Zum einen sind Kinder in diesem Alter sehr empfindlich, was ihr Selbstbewußtsein angeht, da sie entdecken, wie viele Dinge es auf der Welt gibt, die sie nicht verstehen und erklären können, und gleichzeitig beängstigt sie

die eigene Phantasie: Wenn die Engel nämlich sauer sind und nicht mehr aufhören mit dem Regen, was passiert dann? Geht es dann wieder los wie bei der Arche Noah? Oder was ist, wenn der Zauberer, der die Bonbons verschwinden läßt, auf einmal mich erwischt und nicht wieder zurückbringt? Wie ist das, wenn mein Ungeheuer unterm Bett da ist, um böse Menschen zu fressen, wenn ich selbst dann mal was mache, was nicht richtig ist, frißt es mich dann auch?
In diesem Alter plagt Kinder oft die Sorge, nicht mehr nach Hause zu finden oder entführt zu werden. Es entwickelt sich das Bewußtsein, daß die Familie ein sensibles Gebilde ist, das zerstört werden kann, von Fremden oder auch aus den eigenen Reihen. Was passiert zum Beispiel, wenn in der ödipalen Phase die Mutter merkt, daß die Tochter ihr den Ehemann nehmen und ihn heiraten will, oder der Sohn die Mutter? Woher soll ein Kind denn wissen, daß dies ein normaler Entwicklungsschritt ist und die Eltern diese Situation erwarten? Das Kind hat ein schlechtes Gewissen und Angst, daß der gleichgeschlechtliche Elternteil davonläuft, wenn er diese schrecklichen Gedanken erfährt.
Ängste, Sorgen, Nöte, aber auch schöne Ereignisse und Unverstandenes können Kindern durch Rollenspiele verständlich gemacht und so verarbeitet werden. Sie helfen, weil sich ein Kind dabei in andere Menschen, Situationen, oder auch Dinge hineinversetzen kann und andere Standpunkte verstehen lernt.
Unbekanntes wird kennengelernt, und Bedrohliches wird im Spiel besiegt. Soll er doch kommen, der schwarze Mann – ein Spiel, das den Kindern seit Jahrzehnten einen Schauer über den Rücken laufen läßt und trotzdem immer wieder gespielt werden muß. Dieses Spiel ist ein gutes Beispiel, erleben die Kinder doch sich selbst als Gejagte (Opfer) und als Jäger (Täter). Beide Rollen werden ihnen dadurch vertraut. Also, wer fürchtet sich vor dem schwarzen Mann? Niemand!

Mit Sieben beginnt langsam eine Phase des Verstehens. Das Kind kann kausale Zusammenhänge nachvollziehen. Es begreift, daß kein Klo der Welt es verschlingen kann, weil die Rohre zu eng sind. Die Gefahr kommt nicht von Ameisen und Mäusen: Die sind zu klein, das Kind ist zu stark. Omas schlafen nicht einfach ein und wachen nicht wieder auf, sondern sie sterben aus ganz bestimmten Gründen.

Wichtig ist in diesem Zusammenhang die Erkenntnis, daß Ängste, die immer klein gemacht oder nicht ernst genommen werden, in ihrer Intensität zunehmen. Wenn Angst ein Symptom des Körpers ist, das das eigene Leben erhalten soll, muß sie sich solange bemerkbar machen, bis reagiert wird. Manchmal, vor allem nachts können Kinderängste lästig sein. Aber sie sind ein Signal und müssen deshalb auch zu unbequemen Zeiten wahrgenommen werden. Eltern können ihren Kinder die Angst nicht abtrainieren, sie können ihnen höchstens beibringen, die Angst zu unterdrücken und nicht zu zeigen. Damit aber würden sie bei den Kindern das wichtigste Signal abschalten, das ihnen zeigt, wann ihre Kinder in Gefahr sind oder Probleme haben.

1.2. *Die Besonderheiten unserer Zeit und wie sie auf Kinder wirken*

In den letzten Jahren hat sich die Kommunikation innerhalb der Familien drastisch verringert. Laut einer Studie (Psychologie heute, Januar 1996) sprechen Ehepaare im Durchschnitt 10 Minuten am Tag miteinander. Mit den Kindern wird wegen der Organisation des zu regelnden Tagesablauf und der notwendigen Pflege sicher etwas mehr gesprochen. Doch macht diese Untersuchung deutlich, wie sehr die gemeinsame Unterhaltung miteinander an Bedeutung verliert. Die Spracharmut, in der Kinder dadurch zum Teil aufwachsen, wirkt direkt auf ihre Sprachentwicklung ein. Sie haben Probleme, den üblichen sprachlichen Anforderungen zu entsprechen, und werden erst recht kaum Möglichkeiten haben, ihre Gefühle und ihre Schwierigkeiten auszudrücken, geschweige denn in aufgeregten Situationen Konflikte verbal zu lösen.

Immer mehr Eltern kommen bei ihren Kindern lediglich der Aufgabe der wirtschaftlichen und physischen Versorgung nach. Kinder verarmen aber psychosozial, wenn sie nicht in ihrer individuellen Wichtigkeit angesprochen werden. Die fehlende Anerkennung, Geborgenheit und Zuneigung der Eltern hinterläßt ein Defizit, das durch nichts auf der Welt zu ersetzen ist. Gerade in den ersten Lebensjahren der Kinder ist der positive Zuspruch der Eltern, wie oben bereits beschrieben, außerordentlich wichtig.

Dadurch, daß sich die Eltern ihrer Verantwortung entziehen, fehlt den Kindern die Möglichkeit der Identifikation mit ihnen. Die fehlende Präsenz eines oder beider Elternteile im Alltag schränkt diese zudem in hohem Maße ein. Viele Eltern leben getrennt, arbeiten beide ganztägig oder sind in ihrer Persönlichkeit, bedingt durch die starken sozialen Veränderungen der letzten Jahre, so angeschlagen, daß sie als Projektionsfigur nicht zur Verfügung stehen.

Durch die fehlende Identifikation werden andere Personen in den Blickwinkel der Kinder gerückt. Die „Helden" aus Film und Fernsehen bieten sich an, Vorbildfunktionen zu übernehmen. Immerhin sind Serienhelden soweit verläßlich, daß sie jeden Tag oder jede Woche um dieselbe Uhrzeit auf dem Bildschirm erscheinen.

Die unrealistische Darstellung ist vom Kind nicht einzuschätzen. Dies führt dazu, daß sich Kinder ein vom Fernseher gesteuertes Bild über das Leben eines Erwachsenen machen, eine sehr eigenwillige Wahrnehmung der Realität, die eine Verschiebung der Werte zur Folge hat: Gewalt, Macht, Geld, Intrige und das einfache Trennen von Gut und Böse scheinen dort zum persönlichen Erfolg zu führen. Im anschließenden Spiel werden die Filmszenen in die eigene Welt verlegt und nachgestellt. Ohne die reflexive Unterstützung eines Erwachsenen besteht die Gefahr, daß Verhaltensmuster übernommen werden und sich nachhaltig einprägen. Dabei haben Kinder im Vorschulalter keine Möglichkeit, die Serien moralisch zu beurteilen oder deren Werte zu überprüfen.

Die Darstellung bestimmter Szenen prägt sich dem Kind ein und löst besonders in der Dunkelheit Angstreaktionen aus, da es nicht unterscheiden kann, was nun real möglich ist und was nicht. Es handelt sich dabei nicht nur um Gewaltszenen, die das Kind verunsichern. Auch Comicfiguren wirken bedrohlich. Daß die „Bösen" dabei immer wieder aufstehen, egal wie zerfetzt, zerquetscht oder platt gedrückt, muß einem Kind große Angst machen, da es die Grenze zur Realität nur sehr wage wahrnehmen kann.

Kinder reagieren sehr empfindlich auf die Überflutung von Reizen. Sie brauchen genügend Zeit, um in Ruhe den eigenen Bedürfnissen nachspüren zu können. Erst dann können sie Dinge

auswählen, sie ausprobieren und sich für das eine oder andere entscheiden.
Hat sich ein Kind für ein Spiel entschlossen, kann es nur Eigenaktivität entwickeln, wenn ihm Freiräume dafür geschaffen werden. Diesen Spielraum braucht es für phantasievolles Spielen, Entdecken, Erfinden, Ausprobieren, Ausagieren, Sammeln, Verstehen und die ersten Schritte in die Selbsttätigkeit.

Die hohe Technisierung mit ihrer rasanten Weiterentwicklung ist von den Erwachsenen nur noch mit viel Mühe zu verfolgen und zu verarbeiten. Tagesabläufe sind stark durchorganisiert, Zeit für Muße, Rückbesinnung und Erholung bleibt kaum. Was heute im Trend und modern ist, ist morgen schon Geschichte und „out“.
Es bedarf eines hohen, ständig aktualisierten Informationsstandes, um die Strömungen und Neuerungen dieser Zeit nachzuvollziehen, zu verarbeiten und damit auch beruflich „fit“ zu bleiben. Für viele Erwachsene eine kaum zu lösende Problematik, die zu Zeitdruck, Unzufriedenheit und Versagensangst führt.
An der schwächsten Stelle dieser Entwicklung stehen die Kinder. Die als Vorbilder fungierenden Erwachsenen leben ihnen etwas vor, was sie in ihr Denken integrieren und nachahmen, letztendlich aber nicht verstehen und kausal begreifen können. Sie haben keinen Einfluß auf die Entwicklung einer eigenen Lebensstruktur und auf einen ruhigen Tagesablauf.
Sollen Kinder einmal fähig sein, ihr eigenes Leben einschließlich der Freizeit zu gestalten, muß ihnen die Möglichkeit geboten werden, zeitliche und räumliche Freiräume zu gestalten und eigene Ressourcen zu entwickeln und zu entdecken.
Der musische, kreative und sinnliche Erlebnisbereich des Kindes kann sich nur dann entfalten, wenn die äußeren und inneren Bedingungen dafür von den Erwachsenen vorbereitet und begleitet werden. Ein Kind, das von der Kita zum Ballett und hinterher zum Reiten gehetzt wird, kann viele Techniken erlernen, wird die Musik oder die Bewegung mit dem Pferd aber nie als entspannenden Teil seiner selbst erleben. Soll die Freizeit aber einen psychohygienischen Effekt haben, muß sie ganzheitlich gestaltet sein und dem Kind Raum für die Entfaltung seiner Persönlichkeit und die Entwicklung des Selbstbewußtseins lassen.

Viele Kinder werden von ihren Bezugspersonen als brav bezeichnet, weil sie im Kindergarten hinter den Bauklötzen sitzen und spielen. Selten fällt auf, daß diese Kinder keine wirklichen Freunde haben. Sie verdienen aber genauso unsere Beachtung wie die lauten Kinder, die auf sich aufmerksam machen, und müssen aus ihrer Isolation geholt und die Ängste, die den Kontakt verhindern, besprochen und bearbeitet werden.
So lernen Kinder, aufeinander zuzugehen, gemeinsam Ideen zu entwikkeln und Konflikte zu lösen, sie lernen, wie kooperatives Verhalten zum Erfolg führt. Gemeinsam Erlebtes wird zur gemeinsamen Geschichte, die miteinander verbindet.

Kinder lernen dabei, sich und andere in ihren Fähigkeiten ernst zu nehmen, andere zu achten, ihnen zu helfen und selbst Hilfe anzunehmen, in Gemeinschaft zu leben und mit der Gemeinschaft zu teilen – soziale Kompetenzen, die verhindern, allein sein zu müssen, und in schwierigen Situationen auf niemand zurückgreifen zu können.

Kinder brauchen Zeit, um Gefühle verarbeiten zu können, die ihnen auf der Seele liegen. Gerade ältere Kinder sollten nicht abgelenkt werden, um in Ruhe die Gefühle abbauen und so überhaupt erst neues spüren zu können.
Erhalten Kinder nicht diesen Verarbeitungsraum, können sie schmerzende Gefühle nicht in ihr Leben und in ein intensives Spiel integrieren. Sich aber intensiv und tief auf das Spiel mit seiner ganzen Bandbreite der Gefühle einzulassen und diese zu erleben, ist für das Kind ein wichtiger Entwicklungsschritt in der Vorbereitung seines späteren Lebens und Erlebens. Im Spiel lernt es Verhaltensstrukturen, wie es möglicherweise schwierige Krisenzeiten selbständig bewältigen kann. Das Vertrauen in sich selbst, das ein Kind im Spiel entwickelt, darf nicht unterschätzt werden. Kinder, die im Spiel eine Erlebniswelt entfalten und

dort ihre Probleme verarbeiten konnten, werden sich auch in Zukunft zutrauen, Lebenskrisen zu bewältigen und, wenn nötig, die entsprechenden Hilfen anzufordern.
Dabei können die Erwachsenen von den Kindern eine ganze Menge neu lernen und Altes wiederentdecken, wenn sie diese genau beobachten und immer wieder versuchen, sich in ihre Welt einzufühlen. Je weiter die Erwachsenen sich von der eigenen Kindheit unreflektiert entfernt haben, desto unverständlicher werden sie auf die Gefühle der Kinder reagieren oder desto eher eine Angst auslösen.

1.3. Von den ganz großen Sorgen

Im Laufe der Arbeit kann es passieren, daß Erwachsene Kindern begegnen, die Sorgen, Ängste und Nöte haben, die selbst für uns Erwachsene unglaublich und unerträglich sind. Viel zuviele Kinder werden von Erwachsenen sexuell mißbraucht, geschlagen, eingesperrt, ignoriert, psychisch oder physisch gequält oder haben im Krieg Unvorstellbares erlebt. Diese Kinder benötigen unsere besondere Führsorge und Zuwendung, auf keinen Fall aber brauchen sie vorschnelles Handeln und unabgesprochene Aktionen mit verschiedenen Ämtern.
Wenn ein Kind sich einem Erwachsenen öffnet, sollte dieser erst einmal nur zuhören und nicht be- oder verurteilen, was das Kind erzählt. Es ist wichtig, es zu loben und sich für diesen Vertrauensbeweis zu bedanken. Anschließend sollte sich der Erwachsene möglichst schnell bei einer Beratungsstelle informieren lassen. Die Menschen, die in Beratungsstellen arbeiten, wissen am ehesten, was zu beachten und was zu tun ist.
In Zusammenarbeit mit der Beratungsstelle müssen nun genauere Informationen und Hinweise gesammelt werden. Das Wichtigste dabei ist, daß die beteiligten Erwachsenen das Vertrauen der Kinder nicht brechen. Erst wenn ein Kind dazu bereit ist, können und dürfen offizielle Stellen wie Jugendamt oder Polizei eingeschaltet werden. Es kann sein, daß Kinder dafür einige Zeit brauchen. Im Anschluß daran muß für eine therapeutische Betreuung gesorgt werden.

Das Abwarten ist deshalb so wichtig, weil das Kind vermutlich zum ersten Mal so viel Vertrauen zu einem Erwachsenen entwickelt und diese schrecklichen Geschichten erzählt. Die ausgesprochenen Worte sind für die Kinder selbst so grausam nah, daß sie Zeit brauchen, um mit der neuen Offenheit (auch gegenüber fremden Menschen) leben zu können.
Das Kind hat Schutz gesucht und Vertrauen gefaßt, ein Geheimnis zu teilen. Dieses Vertrauen muß verstärkt, bestätigt und belohnt werden. Ein zu schnelles Reagieren ohne das Einverständnis des Kindes würde einen weiteren Verrat und einen weiteren Mißbrauch an seiner Unversehrtheit bedeuten.
Kinder haben ein Recht darauf mitzubestimmen, wann, wo und in welcher Form ihre Geschichte öffentlich wird!

2. Spieglein, Spieglein an der Wand

Die Arbeit mit den Gefühlen der Kinder ist ein Spiegel des Umgangs mit sich selbst

Bevor wir in die Arbeit mit den Gefühlen der Kindern einsteigen, muß jeder Erwachsene erst einmal überlegen, wie er mit seinen eigenen Gefühle umgeht.
Unbeliebte Gefühle werden von den Erwachsenen häufig ignoriert oder beiseite geschoben, und Kinder, denen dieses Verhalten vorgelebt wird, entwickeln keine eigenen Handlungsstrategien zu deren Bewältigung. Es bleibt die Aufgabe der Erwachsenen, die Entwicklung der Kinder so zu fördern, daß sie stark und offen für Fremdes werden. Ihnen müssen Zeiten für Entspannung, Anspannung und Selbstfindung eingeräumt werden. Die Erwachsenen haben die Chance, ein gutes Modell zu sein, mit dem die Kinder lernen können, wenn sie nach Konfliktlösungen suchen, in schwierigen Gesprächen sind, mit Trauer konfrontiert werden und andere sogenannten schlechte beziehungsweise unerwünschte Gefühle haben.
Eine Erzieherin erzählte in einem Beratungsgespräch einmal, daß sie in der Gruppe ständig mit Sebastian Schwierigkeiten habe. Im Laufe der Erzählung wurde deutlich, daß Sebastian bei jeder Kleinigkeit, die ihn stört, zu weinen begann. Es gab für die Erzieherin oft überhaupt keinen Grund, daß er in diesem Moment anzufing zu weinen. Sie fand sicher nicht zu unrecht, daß Sebastian lernen mußte, sich auch einmal einer Gruppe unterzuordnen, und nicht immer seinen Willen bekommen konnte. Daß Sebastian lernen sollte, auch einmal zu warten und auf etwas zu verzichten, war sicher richtig und notwendig. Doch die Frage blieb zuerst offen, warum diese Erzieherin so stark auf Sebastians Verhalten reagierte, während ihre Kollegin ganz locker mit solchen Situationen umgehen konnte. Es wurde bald deutlich, daß diese Erzieherin sich sehr schwer tat, etwas für sich selbst einzu-

fordern. Sie verlangte von sich selbst ein Höchstmaß an sozialem Verhalten. Wenn sie sich von ihrem persönlichen Engagement für andere einmal überfordert fühlte, gestand sie sich nicht zu, traurig darüber zu sein, daß andere ihre Kraftlosigkeit nicht spürten und ihr nicht auch einmal etwas Gutes tun wollten. Sebastian lebte etwas genauso extrem aus, wie es sich diese Erzieherin verboten hatte. So wurde sein Verhalten zu einer ständigen Provokation für ihr Selbstverständnis. Die Erzieherin war sehr erstaunt über diese Zusammenhänge. Bei einem späteren Gespräch jedoch erzählte sie, daß die Situation mit Sebastian sich sehr verändert habe. Seit sie ihm seine eigene Form der Auseinandersetzung lassen konnte, begann sich Sebastian auch zu verändern. Der Kampf um die richtige „Lebensphilosophie" war beendet, weil Sebastian und die Erzieherin gelernt hatten, dem anderen sein eigenes Verhalten zu lassen.
Was ich als Erwachsener mir selbst nicht zugestehen oder auch an mir nicht leiden kann, mag ich auch an anderen nicht. So kann es sein, daß ein ungeduldiges Kind immer vom selben Erwachsenen dafür „bestraft" wird, daß dieser selbst Mühe hat, die nötige Geduld aufzubringen. Das Kind ist in solchen Momenten ein Sprachrohr der eigenen Schwäche. Deshalb ist es so wichtig, wenn Erwachsene merken, daß sie auf ein Kind besonders empfindlich reagieren, dieses ganz genau zu beobachten, um die Ursache bei sich selbst zu finden. Ein Kind ist mit seinen Ängsten, Spannungen und mit seinem Unwillen nicht einfach unsympathisch, sondern es trifft den Erwachsenen an einem empfindlichen Nerv, der nicht im Kind selbst liegen muß.

Ich finde es besonders wichtig, daß die Erzieherinnen im Team lernen, ihre Gefühle bewußt wahrzunehmen, bevor sie mit den Kindern an deren Gefühlen arbeiten. Die nun im Anschluß stehenden Spiele und Übungen sind deshalb für die Arbeit im Team gedacht und nicht für die Gruppenarbeit. Die Erzieherinnen sollen dabei ein Stück weit die eigenen Kindheit und die eigenen Gefühle wiederfinden, um den Kindern, mit denen sie leben oder arbeiten, gedanklich näher zu sein. Viele dieser Spiele und Übungen können auch alleine gemacht werden, aber sie machen mehr Spaß und bringen mehr Erkenntnisse, wenn sie mit Kolleginnen oder Freundinnen gemeinsam reflektiert werden können.

Das geheime Tagebuch

Erzieherinnen: Eine und mehr
Zeit: 15 Minuten
Material: 1 Stift, ein schönes Tagebuch für jeden
Ort: in einem ruhigen Raum

Die eigenen Gedanken aufzuschreiben, hat eine sogenannte „psychohygienische Funktion“, das bedeutet, das Aufgeschriebene wird klarer, und Probleme lösen sich dabei ein Stück weit auf. Die Spielerinnen nehmen sich jeden Tag während der nächsten vier Wochen Zeit, sich zu notieren, was ihnen zu ihrer Kindheit und zu ihren eigenen Gefühlen einfällt und wie sie damit umgegangen sind. Sie stellen sich selbst Fragen und beantworten sie für sich. Im Team können sich die Spielerinnen auch gegenseitig Fragen stellen, die jede anschließend für sich im Tagebuch beantwortet. Mögliche Fragen wären: Habe ich mich heute geärgert? Wie habe ich reagiert? Kenne ich diese Verhaltensweise von anderen Situationen? Haben meine Eltern auch so reagiert, wenn diese sich geärgert haben? Und so weiter.

Gefühls-ABC

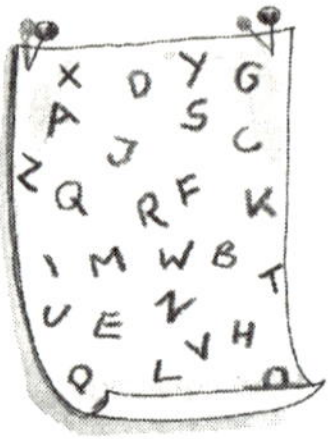

Erzieherinnen: zwei und mehr
Zeit: 15 Minuten
Material: Plakatwand, Stifte
Ort: in einem ruhigen Raum

Die Erzieherinnen lassen einmal ihren Gedanken freien Lauf und nähern sich dabei dem Thema „Kleine Kinder – große Sorgen" an.
Die Spielleiterin schreibt die Buchstaben des ABC mit viel Abstand zueinander auf die Plakatwand. Nun beginnen die Spielerinnen alles zu nennen, was ihnen zum Thema „Kleine Kinder – große Sorgen" einfällt. Die Spielleiterin notiert alle Stichwörter und ordnet sie den einzelnen Buchstaben zu. Ein Buchstabe bekommt höchstens 10 Wörter zugeordnet. Während des Notierens werden die einzelnen Begriffe nicht diskutiert und auch nicht erklärt. Fragen werden im Anschluß gestellt. Diese Sammlung kann als Arbeits- und Diskussionsgrundlage dienen. Oder es kann daraus eine Reihenfolge entstehen, die sich in der Arbeit mit den Kindern widerspiegelt.

Am liebsten wäre mir…

Erzieherinnen: vier und mehr
Zeit: 15 Minuten
Material: Kopiervorlagen und Stifte
Ort: in einem ruhigen Raum

Hier kommen sich die Erzieherinnen einmal selbst auf die Spur wie sie mit ihren eigenen Gefühlen umgehen.
Die Spielerinnen erhalten mindestens vier verschiedene Blätter. Auf ihnen steht zum Beispiel:
– Im Umgang mit meinen Gefühlen macht mich wütend…
– Im Umgang mit meinen Gefühlen verzweifle ich…
– Im Umgang mit meinen Gefühlen möchte ich am liebsten…
– Im Umgang mit meinen Gefühlen frage ich mich…

Wenn die Spielerinnen jeden Satz für sich selbst zu Ende formuliert und aufgeschrieben haben, setzen sie sich in vier Kleingruppen zusammen. Jede Gruppe erhält alle Zettel mit dem gleichen Satz, und gemeinsam wertet die Gruppe diese Sätze aus. Sie versucht, die Aussagen zusammenzufassen, und trägt sie der Gesamtgruppe anschließend vor. Im Anschluß können Verständnisfragen und eine Diskussion folgen.

Lügeninterview

Erzieherinnen: vier und mehr
Zeit: 15 Minuten
Material: keines
Ort: in einem ruhigen Raum

Hier lernen die Erzieherinnen auf lustige Weise, über ihre eigenen Gefühle zu sprechen.
Immer zwei Spielerinnen gehen zusammen 10 Minuten spazieren und unterhalten sich über sich selbst. Nachdem jede von der anderen Spielerin weiß, wovor diese besonders viel Angst hat und an welchen Stellen sie sich mutig und kraftvoll fühlt, wie sie das Thema „Kleine Kinder – große Sorgen findet“..., kommen die Spielerinnen wieder in den Raum und setzen sich in einen Kreis. Nun erzählt die Spielerin den anderen im Kreis all das über ihre Partnerin, was sie sich merken konnte, und baut dabei unbemerkt eine Lüge ein. Die restliche Gruppe versucht, diese Lüge zu erraten. Ist sie aufgedeckt, ist die nächste Spielerin an der Reihe.

Gefühlsbarometer

Erzieherinnen: zwei und mehr
Zeit: 15 Minuten
Material: Klebeband, Stifte, Blankopostkarten
Ort: in einem ruhigen Raum

Bei dieser Übung sollen die Erzieherinnen einmal ihre Werte überprüfen und das Thema des Buches diskutieren. Dabei hilft der Zwischenschritt der Bewertung, direkt in die Diskussion zu finden. Diese Übung kann auch für viele andere Themen genutzt werden.
Auf dem Boden klebt die Spielleiterin mit dem Klebestreifen eine Skala. Die Skala reicht von -3 bis +3. Nun bekommt jede Spielerin fünf Postkarten und schreibt auf jede Postkarte eine Aussage, die ihr zum Thema „Kleine Kinder – große Sorgen" einfällt, zum Beispiel: Kinder werden mit ihren Sorgen oft nicht ernst genommen.
Alle Postkarten werden anschließend eingesammelt und gemischt. Die Spielleiterin teilt an jede Spielerin eine Karte aus, und jede überlegt für sich, welche Wertung sie dieser Aussage auf der Skala geben möchte. Wenn alle Karten an die Skala angelegt wurden, schauen sich die Spielerinnen die Bewertungen an und diskutieren die Meinungsverschiedenheiten aus.
Danach werden die nächsten Karten verteilt.

In allen vier Ecken…

Erzieherinnen: zwei und mehr
Zeit: 15 Minuten
Material: Papier, Klebestreifen, Stift, vier Decken
Ort: in einem ruhigen Raum

Die verschiedenen Alltagssituationen werden von den Kolleginnen oft nicht mehr besprochen, da sie für alle schon bekannt sind. Genau aber in solchen „Routineminuten" stecken oft die Schwierigkeiten. Diese solle einmal wieder bewußt gemacht werden.

Die Spielleiterin hat in die vier Ecken des Raumes je eine Decke gelegt und darauf ein Papier mit einem Begriff befestigt. Die vier Begriffe sind: resigniert, wütend, optimistisch, froh. Nun gehen die Spielerinnen durch den Raum, und die Spielleiterin erzählt eine Situation aus dem Arbeitsalltag. Die Spielerinnen setzen sich anschließend auf die Decke, welche den Gefühlszustand beschreibt, in den sie verfallen, wenn das gerade beschriebene passiert.
Auf den Decken beschreiben die Spielerinnen genauer ihre Gefühle, denn diese unterscheiden sich im Detail sehr, obwohl alle den gleichen Überbegriff gewählt haben.
Danach stehen alle auf, und die nächste Situation wird geschildert, nach der sich die Spielerinnen neu ordnen.
Die Situationen sollten möglichst verschiedene Arbeitsebenen ansprechen, das heißt solche mit den Kolleginnen, den Eltern oder mit den Kindern.

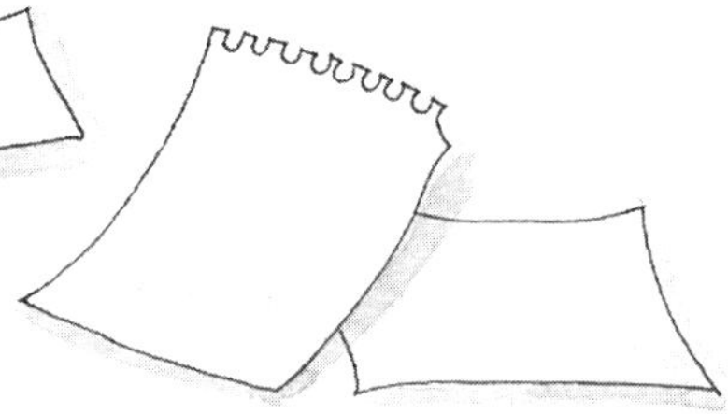

Gefühle verschenken

Erzieherinnen: zwei und mehr
Zeit: 15 Minuten
Material: für jede so viele kleine Zettel, wie Spielerinnen mitspielen; ein Stift
Ort: in einem ruhigen Raum

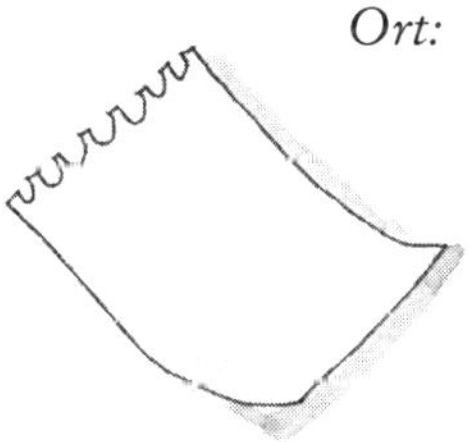

Selbst- und Fremdwahrnehmung sind manchmal sehr unterschiedlich. In dieser Übung geht es darum, einmal zu sehen, was andere glauben, welche Gefühle die einzelnen im Team gut ausleben können.
Alle Spielerinnen bekommen kleine Zettel. Auf jedem Zettel steht der Name einer Kollegin, so daß die Spielerin von allen einen Namenszettel hat. Sie schreibt nun auf jeden Zettel ein Gefühl auf, von dem sie glaubt, daß diese Kollegin dieses Gefühl gut ausleben kann. Die Zettel werden anschließend den Spielerinnen gegeben, und diese ziehen sich mit ihren Zetteln zurück und formulieren aus den verschiedenen Begriffen eine Geschichte über sich selbst. Diese Geschichte soll in der Ichform anschließend den anderen erzählt werden.

Geschichten mit den TASK-Karten

Erzieherinnen: zwei und mehr
Zeit: 15 Minuten
Material: TASK-Karten, zu beziehen bei: Arbeitsstelle Neues Spielen, Am Dobben 109, 28203 Bremen, circa DM 12,–
Ort: in einem ruhigen Raum
Anmerkung: Die TASK-Karten sind Karten, auf denen Strichmenschen in unterschiedlichen Situationen aufgezeichnet sind. Die Situationen sind so, daß sie von verschiedenen Menschen ganz unterschiedlich verstanden werden. So kann für die eine Spielerin eine gemalte Situation bedrohlich sein und für jemand anderen nicht. Diese Karten sind multithematisch verwendbar.

Immer wieder werden bei diesen Übungen die Erzieherinnen aufgefordert, über Gefühle zu sprechen und sie bewußt wahrzunehmen. So ist es auch hier.
Die Spielerinnen erhalten in Kleingruppen jeweils fünf Karten aus einem Spiel. Wenn möglich bekommt jede Kleingruppe dieselben Karten, dazu benötigt die Spielleiterin jedoch mehrere Kartensätze. Die Gruppen einigen sich nun auf die Reihenfolge, in der sie die Karten legen wollen. Entsprechend der Anordnung erfinden sie dann eine Geschichte, die zum Thema „Gefühle erleben" paßt. Diese Geschichten werden anschließend in der Großgruppe erzählt.

Gefühlspoker

Erzieherinnen: fünf und mehr
Zeit: 15 Minuten
Material: TASK-Karten
Ort: in einem ruhigen Raum

Hier bleiben die Erzieherinnen nicht bei den Gefühlen stehen, sondern überlegen, wie sich aus einer bestimmten Situation heraus reagieren läßt.
Immer fünf Spielerinnen setzen sich an einen Tisch. Die TASK-Karten werden gemischt, und jede Spielerin erhält 10 Stück. Die Spielerin, die die Karte mit der höchsten Zahl hat, beginnt. Sie nimmt eine Karte und beginnt die dort aufgezeichnete Situation zu beschreiben. Die Situation sollte Bezug zu dem eigenen Alltag haben. Die anderen Spielerinnen wählen nun eine Karte von den ihren aus und bieten sie als eine mögliche Lösung oder Fortführung der beschriebenen Situation an. Kann sich die Spielerin für eine der ihr angebotenen Karten entscheiden, werden alle gebotenen Karten aus dem Spiel genommen. Die Spielerin, deren Karte akzeptiert wurde, darf nun eine eigene neue Karte nehmen und die entsprechende Situation beschreiben.
Gibt es einmal keine Karte, die als Lösung oder Fortführung der beschriebenen Situation akzeptiert werden kann, nehmen die Spielerinnen ihre Karten wieder auf die Hand, und die rechte Nachbarin beginnt mit einer neuen Situation.

Identifikation

Erzieherinnen: zwei und mehr
Zeit: 15 Minuten
Material: Kopie für alle Spielerinnen von derselben TASK-Karte
Ort: in einem ruhigen Raum

Wenn jemand unter einer Situation leidet, kann er diese nur lösen, indem er versucht, die eigene Rolle zu verstehen.
Jede Spielerin erhält eine Kopie derselben TASK-Karte. Sie zieht sich damit zurück und versucht sich an eine Situation in ihrem Leben zu erinnern, die diese Karte beschreibt. Dann entscheidet sie, welche der Personen, die auf der Karte abgedruckt sind, sie selbst darstellt, und beantwortet (vielleicht auch schriftlich) folgende Fragen.

- Wie habe ich mich in dieser Situation gefühlt?
- Welche Gefühle tauchen nun auf, wenn ich die Karte betrachte? Sind es dieselben wie damals, oder sind es heute andere?
- Kann ich eindeutig sagen, ob ich Täter oder Opfer war?
- Kann ich mich in die andere Person hineindenken?
- Welche Gefühle hat diese?
- Verändert das mein Bild von dieser Situation?

Was ist schwer für mich?

Erzieherinnen: zwei und mehr
Zeit: 15 Minuten
Material: Plakatwand, Stifte
Ort: in einem ruhigen Raum

Ängste und Sorgen sind ganz alltäglich. Es ist interessant, einmal zu sehen, wie viele Menschen sich mit den gleichen Problemen beschäftigen und welche unterschiedliche Lösungsstrategien es gibt.
Die Spielerinnen stehen vor den leeren Plakatwänden und können nun in kurzen Stichworten alles aufschreiben, was ihnen im privaten Leben und in der Arbeit schwerfällt. Alle Spielerinnen schreiben gleichzeitig, so daß niemand so genau mitbekommt, was die anderen schreiben. Wenn alle fertig sind, werden die Schwierigkeiten gelesen, und dabei wird festgestellt, wieviele doppelte Nennungen vorkommen. Es gibt Dinge, die vielen Menschen Angst machen oder für viele schwer zu bewältigen sind.
Im Anschluß daran schreiben die Spielerinnen auf, wie sie Kinder erleben, was diesen schwerfällt, was ihnen Angst macht. Die Kinderängste werden nun mit den Erwachsenenängsten verglichen, und es wird über die Ursachen und Folgen gesprochen.

Blindes Vertrauen

Erzieherinnen: zwei und mehr
Zeit: 15 Minuten
Material: keines
Ort: in einem ruhigen Raum, im Freien

Wie auf diesem blinden Spaziergang gehen Kinder durch ihre Gefühle hindurch, spüren, erleben und verarbeiten sie. Nach dieser Übung sind die Erzieherinnen der Erlebniswelt von Kindern wieder ein Stück näher gerückt.
Immer zwei Spielerinnen gehen gemeinsam spazieren.
Die eine schließt die Augen, und läßt sich von der Partnerin an der Hand führen. Die beiden sprechen nicht. Die blinde Spielerin versucht, in sich hineinzuhören. Wie fühlt sie sich mit dieser Abhängigkeit? Kann sie vertrauen? Geht sie den Weg ruhig oder hat sie Angst, fallen gelassen zu werden, sich zu stoßen? Kommen andere Gefühle in ihr zum Vorschein? Erinnert sie sich an eine Situation in der Dunkelheit? Was ist damals passiert?
Nach circa 15 Minuten setzen sich die beiden Spielerinnen an einen stillen Ort, und die blinde Spielerin erzählt von ihren Gedanken und Gefühlen. Danach ist Wechsel. Dieser blinde Spaziergang soll dazu dienen, die eigenen Gefühle ohne störende Einflüsse von außen wahrzunehmen. Erwachsene nehmen sich häufig viel zu wenig Zeit für die eigene Gefühlswelt und schlucken allen Ärger und allen Frust hinunter, ohne darüber nachzudenken, welche Ursache diese Gefühle eigentlich haben.

So zeige ich es

Erzieherinnen: vier und mehr
Zeit: 15 Minuten
Material: keines
Ort: in einem ruhigen Raum

Damit die anderen richtig verstehen, was ich empfinde, müssen meine Sprache und meine Körperhaltung übereinstimmen. In dieser Übung konzentrieren sich die Erzieherinnen einmal ganz bewußt auf ihre Körpersprache.
Die Spielerinnen gehen durch den Raum. Die Spielleiterin hat einige Begriffe vorbereitet. Die Aufgabe der Spielerinnen ist es, diese als Statue darzustellen. Die Spielleiterin nennt zum Beispiel den Begriff „wütend". Alle Spielerinnen versuchen nun, diesen Begriff darzustellen. Sie lassen sich dabei Zeit und können ihre Position solange verändern, bis sie mit ihr zufrieden sind. Anschließend betrachten sich die Spielerinnen gegenseitig, und wenn es Fragen oder Anmerkungen zu einer Position gibt, nehmen sie sich Zeit dafür. Es können bei einigen Begriffen auch zwei Spielerinnen gemeinsam etwas darstellen. Zum Beispiel beim Thema Gewalt: Eine Spielerin ist das Opfer, die andere die Täterin. Beide versuchen sich so zueinander zu stellen, daß sie sich als Opfer oder Täter spüren können.
Weitere Begriffe können sein: fröhlich, verliebt, frustriert, traurig, glücklich, gewalttätig, eingeschüchtert, allein, ausgelaugt, über den Wolken, begeistert.

Das Geschenk

Erzieherinnen: drei und mehr
Zeit: 60 Minuten plus 20 Minuten pro Spielerin
Material: meditative Musik, Papier, Wachsstifte, für jede Spielerin eine Decke
Ort: in einem ruhigen Raum

Hier sind die Erzieherinnen ihrer Kindheit auf der Spur. Sicher werden einige längst vergessene Situationen wieder entdecken und sich damit wieder ein Stück näher kennenlernen.
Die Spielleiterin leitet diese Übung an. Die Spielerinnen legen sich bequem auf dem Rücken auf die Decke und entspannen sich. Die Spielleiterin unterstützt dies mit meditativer Musik und einer leisen beruhigenden Einführung. Die Spielerinnen sollen sich auf ihren Körper konzentrieren. Sie beobachten genau, an welchen Stellen einzelne Körperteile den Boden berühren und mit welchem Druck der Kontakt zum Boden stattfindet. Liegt der Kopf schwerer auf dem Boden auf, als die Füße es tun? Hat der Rücken an einer Stelle Kontakt mit dem Boden? Jetzt versuchen die Spielerinnen nach und nach, tief zu atmen. Sie stellen sich vor, daß ihr Atem über den Kopf in den Körper gelangt und zu den Füßen wieder hinausgeblasen wird.
Haben alle Spielerinnen einen gleichmäßigen Atem und liegen sie entspannt auf ihren Decken, beginnt die Spielleiterin mit der Phantasiegeschichte, die im Notfall direkt vorgelesen werden kann. Es ist für alle Beteiligten aber schöner, wenn die Spielleiterin die Geschichte mit ihren eigenen Worten und mit ihrem eigenem Tempo erzählt.

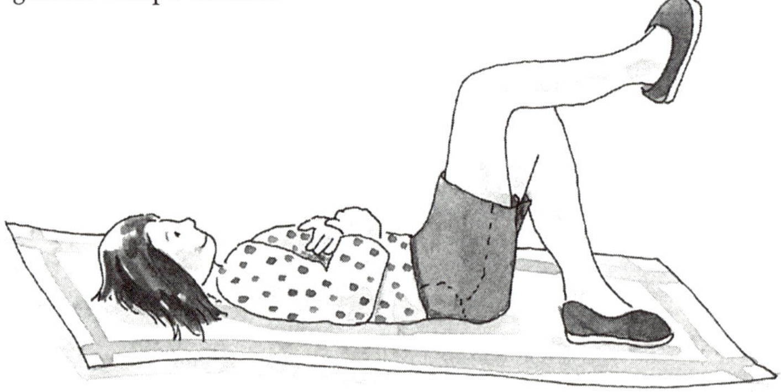

„Spüre dich nun ganz stark, deinen ganzen Körper. Du sitzt in einer Wiese. Sie ist grün, und sie ist voller Leben. Schaue dir deine Wiese an. Gibt es Blumen? Welche siehst du, welche Farben haben sie? (Pause)
Gibt es Tiere? Welche? Schauen sie dir zu, oder nehmen sie dich gar nicht wahr? Was machen die Tiere? (Pause)
Gibt es Wasser in der Nähe? Schau dich um. (Pause)
Gibt es einen Wald? (Pause)
Hinter dir steht ein Haus. Es ist ein bewohnbares Haus. Im Moment ist niemand zu Hause. Schaue es dir an.
Wir sieht es aus? Ist es ein großes oder kleines Haus? Ist es einfach oder verschnörkelt, bunt oder weiß? (Pause)
Wie sieht das Grundstück um das Haus herum aus?
Wirken Haus und Grundstück so, als lebten dort glückliche Menschen? Oder wirkt alles trist und traurig? (Pause)
Magst du in das Haus gehen? Es steht dir frei.
Geh hinein und schau dich um.
Es gibt viele Räume: Küche, Bad, Wohnzimmer, Schlafzimmer. Wirken die Zimmer fröhlich, sind sie hell, und laden sie dazu ein, hier zu wohnen? Möchtest du hier ein Kind sein? Oder lieber Elternteil? (Pause)
Wie alt möchtest du jetzt sein, wenn du ein Kind wärst? – Fühle dich genauso alt, wie du es dir gewünscht hast. (Pause)
Es gibt eine Treppe im Haus, hast du sie gefunden? Sie führt in dein Kinderzimmer. Es liegt im ersten Stock. Geh in dein Zimmer und schau dich um. (Pause)
Welche Farben hat das Zimmer? Welche Spielzeuge und Spiele liegen herum? Ist es ein fröhliches Zimmer? Bist du gerne da? (Pause)
Es wird Zeit, zurück auf die Wiese zu gehen. Verabschiede dich von dem Haus und gehe langsam wieder hinaus auf die Wiese. (Pause)
Siehst du den alten Menschen dort? Er trägt einen Sack bei sich. In diesem Sack ist ein Geschenk für dich. Geh zu ihm und begrüße ihn. Ist der Mensch eine Frau oder ein Mann? Schau ihm in die Augen. (Pause)
Jetzt öffnet er seinen Sack und geht fort. Du ziehst langsam mit deiner Hand einen Gegenstand aus dem Sack heraus. Nimm ihn und betrachte ihn genau. (Pause)

Nun komm langsam wieder zurück hier in den Raum. Laß die Augen noch geschlossen. Bewege deine Hände und Füße ein wenig, um deinen Kreislauf wieder in Schwung zu bringen. Öffne langsam die Augen, keiner drängt dich, mache es in deinem eigenem Tempo. Wenn du soweit bist, dann setze dich hin. Sprich aber noch nicht mit den anderen, sondern laß ihnen Zeit, bis auch sie sitzen. (Pause)

Nun nehmen die Spielerinnen, ohne zu sprechen, ein Papier und malen den Gegenstand auf, den sie aus dem Sack gezogen haben. Sie versuchen, ihn möglichst in der Farbe und in der Form zu malen, in der sie ihn in der Phantasiegeschichte gesehen haben. Sind alle Spielerinnen fertig, setzen sie sich in einen Kreis und legen ihre Bilder vor sich hin, so daß die anderen sie sehen können. Die Spielleiterin läßt alle Spielerinnen nun in Ruhe erzählen, wie es ihnen gegangen ist und was sie während der Phantasiereise gesehen und gefühlt haben.
Im zweiten Schritt werden dann die Bilder erklärt. Jede Spielerin versucht, ihr Bild in Verbindung zu der eigenen Kindheit zu bringen. Manche Spielerinnen werden einen Gegenstand bekommen haben, der real in ihrer Kindheit existiert hat. Andere haben ein Phantasiegebilde als Symbol erhalten. Es gilt nun, gemeinsam den Sinn dieses Gegenstandes herauszufinden. Es ist eine Botschaft aus der Kindheit an den Erwachsenen, in dem dieses Kind immer noch lebt. Dabei sollen sich die anderen Spielerinnen beteiligen und ihre Ideen den anderen mitteilen. Wenn das Symbol erklärt ist, versucht jede Spielerin einen Satz zu formulieren. Er soll vom kleinen Kind aus vergangener Zeit an den jetzigen erwachsenen Teil der Spielerin gerichtet sein. Diesen Satz schreiben sich die Spielerinnen auf die Rückseite des Bildes. Anschließend haben die Spielerinnen 20 Minuten Zeit, an sich selbst einen Brief zu schreiben, in dem sie diesen Satz und das Erlebte aufschreiben. Dieser Brief ist nur für sie und wird von keinem anderen gelesen. Wenn die Briefe fertig sind, legen die Spielerinnen das Bild und den Brief in einen Umschlag, kleben ihn zu und adressieren ihn an sich selbst. Die Spielleiterin sammelt die Briefe ein und schickt sie dann vier Wochen später ab. Die Spielerinnen werden so in vier Wochen an dieses Erlebnis erinnert und können auf diese Weise nochmals mit dem Kind in sich selbst in Kontakt treten.

Interne Teamberatung

Erzieherinnen: zwei und mehr
Zeit: 15 Minuten
Material: keines
Ort: in einem ruhigen Raum

Die interne Teamberatung ist eine Möglichkeit, im Team eine Lösung zu finden, mit der eine einzelne Kollegin ihre Arbeitssituation verbessern kann. Das bedeutet aber, daß bevor das Team in diese Arbeit einsteigt alle Kolleginnen mit dieser Form einverstanden sind. Es ist wichtig, daß sich alle Teamerinnen an dieses Konzept halten und nicht vorschnell Schlüsse ziehen oder Lösungsmöglichkeiten anbieten. Sinn der Teamberatung ist es, daß die Kollegin, die Probleme in ihrer Arbeit hat, zu einer Lösung findet, die ihr entspricht. Nur dann wird sie die Neuerungen in ihrer konkreten Arbeit auch durchsetzen und sie wirklich vertreten können.
Die Teamberatung beinhaltet sieben Schritte, die sich aufeinander aufbauen:

Der erste Schritt: Die Kollegin, die einen Fall einbringen möchte, beginnt ihn den anderen so exakt wie möglich zu schildern. Auch wenn im Vorfeld schon hin und wieder darüber gesprochen wurde, beginnt sie ganz am Anfang und erzählt alles, was ihr wichtig erscheint. Sie beschreibt die Personen, die daran beteiligt sind, und erzählt verschiedene Situationen, die ihr in diesem Zusammenhang einfallen. Auch versucht sie, ihre Handlungsweisen möglichst ehrlich und genau darzustellen und ihre Gefühle dabei zu beschreiben, auch wenn es ihr unangenehm ist. Die anderen hören zu und können sich Notizen machen. Die Erzählerin wird aber nicht unterbrochen.

Zweiter Schritt: Die Kolleginnen versuchen sich gegenseitig noch offene Fragen zu beantworten. Die Erzählerin hört nur zu und darf die anderen nicht unterbrechen oder eine Frage beantworten, aber sie kann sich Notizen machen.
Die Kolleginnen dürfen keine Lösungsmöglichkeiten anbieten. Auch Fragen wie: „Hat sie den schon versucht?" sind nicht er-

laubt. Die Fragen sollen lediglich der Klärung und dem Verständnis dienen. Es soll an diesem Punkt auch nicht diskutiert werden. Die Kolleginnen sammeln einfach alles, was ihnen zu diesem Fall an Informationen noch fehlt.

Dritter Schritt: Die Fragen werden von der Kollegin, die den Fall einbringt, so ehrlich wie möglich beantwortet. Es kann wie ein Interview ablaufen. Die Kollegin wird zu dem Fall befragt und gibt Antworten. Allerdings muß die Leiterin darauf achten, daß keine verpackten Probleminterpretationen oder Lösungsmöglichkeiten auftauchen.

Vierter Schritt: Die Gruppe berät sich nun über den Fall. Dabei ist die einbringende Kollegin wieder zum Schweigen verpflichtet. Alle anderen sollen nacheinander erzählen, wie ihre Sicht des Problems ist. Dabei bringen sie sich gegenseitig auf Analyse- oder Erklärungsideen. Es geht hierbei darum, die Hintergründe, die Gefühle und die Ursache des Geschehens zu verstehen. Es ist gut, wenn sich die Kolleginnen mit je unterschiedlichen Leuten aus dem Fall identifizieren können und über diese Einfühlung neue Aspekte mit einbringen. Dadurch wird manchmal ein bestimmtes Verhalten verstehbar.

Fünfter Schritt: Die Kollegin kann nun zu dem Gehörten eine Stellungnahme abgeben. Sie schildert, wie sie den Fall jetzt betrachtet und was sich für sie verändert hat oder verständlicher geworden ist. Die anderen können eingreifen, wenn sie sich mißverstanden fühlen, aber es darf keine Diskussion entstehen.

Sechste Schritt: Die betroffene Kollegin schweigt wieder. Nacheinander erzählen die anderen nun, was sie jetzt machen sollte und wie sie sich in diesem Fall verhalten könnten, um zur Lösung zu gelangen. Dabei ist auch wichtig zu klären, was die Lösung sein könnte.

Ist es denn bei einem Kind, das mit 8 Jahren auf einmal wieder einkotet wichtig, die Sauberkeit zu trainieren, oder aber geht es darum, die Ursachen zu finden und zu beheben, die dieses regressive Verhalten auslösen.

Siebter Schritt: Die betroffene Kollegin erzählt den anderen, wie es ihr nach dem Gehörten geht und wie sie in diesem Fall weiter vorgehen wird. Es kann nun im Anschluß diskutiert werden, sofern das nötig sein sollte. In den nächsten Wochen hält die Betroffene die Kolleginnen auf dem laufenden und schildert ihnen immer wieder die neuen Entwicklungen.

3. Den Gefühlen auf der Spur

Spielerische Annäherung an das Thema

Kinder haben kein emotionales Gedächtnis. Das bedeutet, sie müssen sich erst im Laufe der ersten sieben Jahren ein Repertoire aneignen, das die vielfältigen Emotionen umfaßt. Jedes bewußte Erleben eines Gefühls trägt dazu bei. Wenn ein Kind fällt und sich verletzt, spürt es im Moment den Schmerz, kann ihn aber schon nach einiger Zeit nicht mehr nachempfinden.
Selbst uns Erwachsenen geht es noch häufig so. Sehr starke Gefühle wie heftige Schmerzen oder Verliebtheit können wir nur dann empfinden, wenn wir unmittelbar betroffen sind. Später benötigen wir viele Umschreibungen, um diese Gefühle ausdrücken zu können.
In den folgenden Spielen sollen die Kinder ihre eigenen Gefühle wahrnehmen und ausdrücken lernen. So können sie sich besser in andere Menschen hineinfühlen, ihre eigenen Gefühle besser einschätzen und sich an sie erinnern. Die Spielleiterin sollte darauf achten, daß sie die Kinder nicht überfordert. Wenn diese sich intensiv mit ihren Gefühlen beschäftigt haben, brauchen sie nach spätesten 20–30 Minuten eine Pause, in der sie sich nach Herzenslust und unreflektiert austoben können. Am besten ist es, die Spielleiterin plant gleich ein schönes Spiel für alle als gemeinsamen Abschluß ein.

Was ist denn ein Gefühl?

Spieler/innen: zwei und mehr
Alter: ab 4 Jahren
Zeit: 10 Minuten
Material: keines
Ort: in einem ruhigen Raum

Die Kinder stehen im Kreis, und eines steht in der Mitte. Es nennt ein Gefühl und läuft zu einem Kind, vor das es sich stellt. Dieses Kind tauscht den Platz mit ihm und läuft, während es ein neues Gefühl benennt, zu einem anderen Kind. Dabei darf kein Kind das sagen, was sein Vorgänger direkt vor ihm gesagt hat. Fällt einem Kind in der Mitte nichts ein, helfen die anderen ihm. Gibt es keine Gefühle mehr, die die Kinder kennen, hilft die Spielleiterin, noch weitere zu finden, beziehungsweise das Wort Gefühl einmal zu definieren.

Was macht Angst, und was macht Mut

Spieler/innen: zwei und mehr
Alter: ab 4 Jahren
Zeit: 10 Minuten
Material: ein Ball
Ort: in einem ruhigen Raum

Die Kinder sitzen in einem Kreis. Ein Kind erhält den Ball, stellt eine Frage an ein anderes Kind und wirft ihm den Ball zu. Die beiden Fragen, die gestellt werden dürfen, sind: Was macht dir Angst? Was macht dir Mut? Das Kind, das den Ball erhält, beantwortet die Frage und stellt die nächste einem anderen Kind, dem es den Ball zuwirft.

Gesichter raten

Spieler/innen: sechs und mehr
Alter: ab 4 Jahren
Zeit: 15 Minuten
Material: ein großes Tuch, durch das man nichts sehen kann.
Ort: in einem ruhigen Raum

Die Kinder sitzen auf dem Boden und rücken so nah wie irgendwie möglich zusammen, ihre Gesichter werden mit einem großen Tuch zugedeckt. Ein Kind steht neben der Gruppe und versucht, durch das Ertasten mehrerer Gesichter ein Kind zu erkennen. Das Kind, das zuerst erkannt wird, kommt unter dem Tuch hervor und darf weiterraten. Alle anderen Kinder ändern unter dem Tuch ihre Sitzplätze, damit niemand durch die vorherige Sitzordnung verraten wird.
Am Ende des Spieles sollen die Kinder sich äußern, wie sie es empfanden, die Gesichter zu berühren oder auch so eng unter der Decke zusammenzusitzen.

Gruseligund schön

Spieler/innen: zwei und mehr
Alter: ab 4 Jahren
Zeit: 25 Minuten
Material: mindestens acht große Gastronomiekonservendosen oder 10-Liter-Eimer, alter Stoff, ein Handtuch, Klebestreifen, verschiedene Materialien wie nasser Ton, trockener Sand, Holzklötze, Murmeln und so weiter
Ort: in einem ruhigen Raum

Alle Dosen werden gut ausgespült. Nachdem sie getrocknet sind, überkleben die Kinder die scharfen Ränder mit Klebestreifen. Der Stoff wird in so große Stücke geschnitten, daß er die offene Seite der Dosen gut überdeckt. Nun werden die Dosen mit den unterschiedlichsten Dingen gefüllt und so plaziert, daß sich immer Gegensätzliches gegenübersteht. Zum Beispiel warmes Wasser und Eiswürfel, trockener Sand und Lehm, Holzklötze und Murmeln, Nägel und Schaumgummireste und so weiter. Die Kinder greifen nun nacheinander in die Dosenpaare und versuchen, dabei ganz still zu sein. Sie konzentrieren sich nur auf das Fühlen. Die Spielleiterin kann eine schöne ruhige Musik abspielen, um den Kindern damit das Stillsein zu erleichtern.
Danach setzten die Kinder sich zusammen und sprechen über die Gefühle während des Spieles. Gibt es Inhalte, die sich schöner angefühlt haben als andere? Was war das Scheußlichste? Haben sich manche Kinder bei den Eiswürfeln erschrocken? Wie kann das Erlebnis genauer beschrieben werden?

Die Gefühlshexe

Spieler/innen:	vier und mehr
Alter:	ab 4 Jahren
Zeit:	15 Minuten
Material:	ein Hut
Ort:	in einem ruhigen Raum

Ein Kind bekommt den Hut auf den Kopf. Es ist die Hexe, die allen anderen Kindern Gefühle in den Kopf zaubert. Die Hexe macht etwas vor, und alle Kinder müssen es nachmachen, solange sie den Hut auf dem Kopf hat. Sie kann zum Beispiel lachend und springend durch den Raum gehen oder wütend auf den Boden stampfen und den anderen Kinder drohen. Was auch immer ihr an Gefühlsausdrücken einfällt, alle Kinder müssen es ihr nachmachen. Wenn die Hexe keine Lust mehr hat, gibt sie den Hut einfach an ein anderes Kind weiter. Dieses ist nun die Hexe und gibt den anderen neue Gefühle vor.

...wer ist die Traurigste im ganzen Land?

Spieler/innen:	zwei und mehr
Alter:	ab 4 Jahren
Zeit:	15 Minuten
Material:	keines
Ort:	in einem ruhigen Raum

Immer zwei Kinder stehen sich gegenüber. Ein Kind ist der Spiegel und macht immer genau dasselbe, was das andere Kind ihm vormacht. Es ist sozusagen sein Spiegelbild. Das Kind, das vor dem Spiegel steht, versucht nach und nach verschiedene Gefühle auszudrücken. Vielleicht brauchen die Kinder auch Anregungen von der Spielleiterin. Nach einer Weile ist Wechsel, und das Spiegelbild gibt neue Mimiken und Gesten vor.

Ein anderer Blickwinkel

Spieler/innen: zwei und mehr
Alter: ab 4 Jahren
Zeit: 10 Minuten
Material: für jedes Kind ein Stuhl
Ort: in einem ruhigen Raum

Die Kinder stehen alle an einer Wand des Zimmers. Gegenüber steht für jedes Kind ein Stuhl bereit. Die Kinder werden nun von der Spielleiterin aufgefordert, auf allen Vieren langsam zu einem Stuhl zu krabbeln. Dabei sollen sie sich den Raum ganz genau anschauen. Wenn sie am Stuhl angelangt sind, stellen sie sich darauf und nehmen die veränderte Perspektive wahr. Anschließend erzählen sie sich gegenseitig von ihren Entdeckungen.

Bloß nicht fallen

Spieler/innen: drei und mehr
Alter: ab 4 Jahren
Zeit: 10 Minuten
Material: für je drei Kinder ein Gymnastikreifen aus Holz und zwei Stühle
Ort: in einem ruhigen Raum

Die beiden Stühle werden nebeneinander gestellt. Auf jeden Stuhl stellt sich ein Kind. Das Dritte steht vor ihnen auf dem Boden. Alle Kinder halten den Reifen mit beiden Händen fest. Das Kind auf dem Boden versucht nun, eines der beiden anderen vom Stuhl zu ziehen. Schafft es dies, ist Wechsel. Jedes Kind sollte einmal das Herunterziehen versuchen.
Anschließend spricht die Spielleiterin mit den Kindern über die Gefühle, die sie während des Spieles hatten. Waren sie auf dem Stuhl ängstlich, und fühlten sie sich auf dem Boden sicher?

Schwarzer Mann

Spieler/innen: sechs und mehr
Alter: ab 4 Jahren
Zeit: 10 Minuten
Material: keines
Ort: in einem großen Raum oder im Freien

Diese Art von Spielen wird seit Generation von Kindern vor allem zwischen 4 und 7 Jahren mit Begeisterung gespielt. Es bedeutet für sie eine Möglichkeit, sich mit dem „Bösen" auseinanderzusetzen, und paßt zur Phase der Kinder, in der sie sich von den Eltern lösen, um in den Kindergarten etc. zu gehen. Damit müssen sie dem „Bösen" in der Welt nun selbst gegenübertreten und sich alleine wehren.
Im Spiel sind die Kinder einerseits die Gejagten (Opfer/leidend) und auf der anderen Seite die Jäger (Täter/Aggressor). Beide Rollen werden ihnen somit vertraut und wirken weniger beängstigend. Hier sind einige dieser Spiele aufgeführt.
Ein Kind ist der Schwarze Mann und steht den anderen Kindern alleine am Spielfeldrand gegenüber. Es ruft: „Wer fürchtet sich vorm Schwarzen Mann?" Die Kinder antworten: „Niemand!" Der Schwarze Mann fragt: „Und wenn er kommt?" – „Dann auch nicht!" Der Schwarze Mann droht jetzt: „Und wenn er fängt?" – „Dann laufen wir", rufen die Kinder zurück und rennen auch schon vor dem Schwarzen Mann davon. Die Kinder müssen versuchen, auf die Linie des Spielfeldes zu gelangen, auf der der Schwarze Mann gestanden hat. Wer diese Linie erreicht, ist in Sicherheit. Diejenigen, die der Schwarze Mann abschlagen konnte, fangen mit ihm weiter, bis alle Kinder zum schwarzen Mann gehören.

Den Feind im Nacken

Spieler/innen: zwei und mehr
Alter: ab 4 Jahren
Zeit: 10 Minuten
Material: Musik
Ort: in einem ruhigen Raum

Bei diesem Spiel kann die Spielleiterin gut sehen, wie sich die Spannung in der Gruppe durch ein Lachen löst, wenn die Kinder gefangen sind.
Die Kinder bewegen sich zu der Musik im Raum. Während die Musik läuft, überlegt sich jedes Kind, wen es gerne fangen möchte. Es folgt dem „Opfer" unauffällig, so daß dieses nicht merkt, daß es verfolgt wird. Die Spielleiterin stoppt die Musik, und alle Kinder versuchen, schneller ihr „Opfer" zu fangen, als daß sie selbst gefangen werden. Dann geht die Musik wieder an, und die Kinder suchen sich ein neues „Opfer".

Stehlen

Spieler/innen: drei und mehr
Alter: ab 4 Jahren
Zeit: 10 Minuten
Material: ein Schlüsselbund
Ort: in einem ruhigen Raum

Alle Kinder sitzen im Kreis, nur eines befindet sich mit geschlossenen Augen als Wächter in der Mitte und hat einen Schlüsselbund vor sich liegen. Nun beginnen die anderen Kinder mit geschlossenen Augen, ganz leise in die Mitte zu krabbeln. Jedes versucht, den Schlüsselbund zu erhaschen. Wenn sie allerdings von dem blinden Kind berührt werden, müssen sie sitzen bleiben und dürfen sich nicht mehr rühren. Nun kommt es darauf an, ob die Kinder den Bund erwischen oder das wachende Kind alle berühren kann.

Vampire

Spieler/innen: fünf und mehr
Alter: ab 4 Jahren
Zeit: 10 Minuten
Material: keines
Ort: in einem ruhigen Raum

Alle Kinder bewegen sich mit geschlossenen Augen im Raum. Ein Kind beginnt als Vampir (es hat heimlich von der Spielleiterin vorab die Information bekommen). Wenn der Vampir einem anderen Kind begegnet, berührt er es leicht an der Schulter. Das ist der Vampirbiß, und das betroffene Kind wird nun zum Vampir, der seine Opfer sucht. Immer mehr Kinder verwandeln sich. Treffen zwei Vampire aufeinander und kneifen sich gegenseitig, sind sie beide wieder normale Kinder und kneifen nicht mehr. Die Kinder können das Spiel zu jedem beliebigen Zeitpunkt beenden.

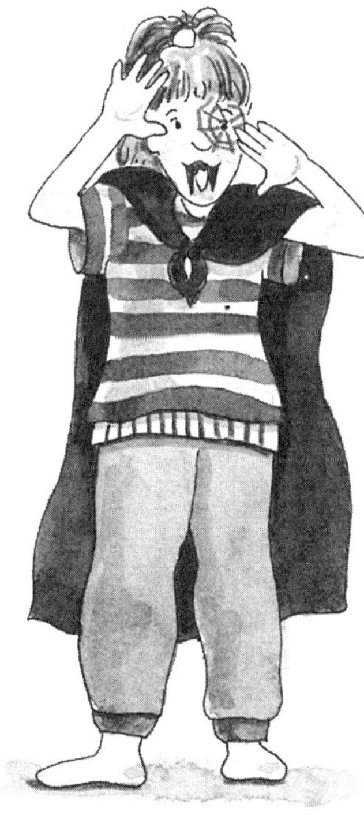

Der Plumsack geht um

Spieler/innen:	sechs und mehr
Alter:	ab 4 Jahren
Zeit:	10 Minuten
Material:	ein Taschentuch
Ort:	in einem großen Raum oder im Freien

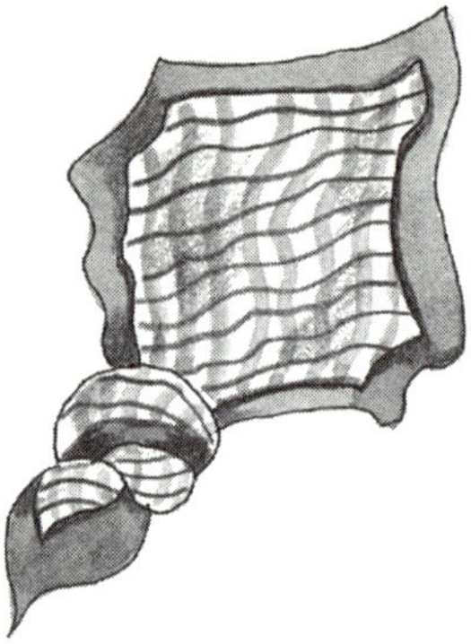

Die Kinder stehen in einem Kreis und halten sich an den Händen. Ein Kind steht außen und hat ein Taschentuch (der Plumsack, früher aus einer Schweinsblase gefertigt und von den Narren verwendet) in der Hand. Es geht um den Kreis und möchte gerne hinter einem Kind unbemerkt den Plumsack loswerden. Dabei ruft es immerzu: „Plump, Plump, Plump, der Plumsack geht herum, wer sich umdreht oder lacht, der kriegt den Buckel vollgemacht!“ Gelingt es ihm, das Tuch hinter ein Kind zu legen und eine weitere Runde um den Kreis zu laufen, wird dem Kind, das es nicht bemerkt hat, der „Buckel voll gemacht“. Es muß sich nun in die Mitte des Kreises setzen. Hat das Kind aber bemerkt, daß das Tuch hinter ihm liegt, greift es nach ihm und rennt los. Dabei versucht es, den Läufer zu fangen, bevor er den eigenen Platz im Kreis erreicht hat. Mißlingt dieses, muß das Kind nun selbst weiter um den Kreis laufen und das Tuch einem Kind zuwerfen. Fängt es dagegen den Läufer, muß dieser weiter um den Kreis wandern.

Katz und Maus

Spieler/innen: sechs und mehr
Alter: ab 4 Jahren
Zeit: 10 Minuten
Material: keines
Ort: in einem großen Raum oder im Freien

Ein Kind ist die Katze, ein Kind ist die Maus. Die anderen Kinder stehen im Kreis zusammen und geben sich die Hände. Die Maus steht im Kreis, die Katze außerhalb. Nun entwickelt sich ein schrecklicher Dialog.
K: Mäuslein, Mäuslein komm heraus.
M: Nein, ich komme nicht heraus.
K: Dann kratz ich dir die Augen aus.
M: Dann spring ich schnell zum Loch hinaus.
In diesem Moment rennt die Maus aus dem Kreis und versucht der Katze zu entkommen. Das bedeutet, daß die Maus sich bewußt der Gefahr hingibt, von der Katze gefangen zu werden. Dabei darf sich die Maus immer wieder in den Kreis retten, während die Katze davor bleiben muß. Ist die Maus gefangen, wird sie zur Katze, und ein anderes Kind ist die Maus.

Herr Hai, Herr Hai, wie spät ist es?

Spieler/innen: sechs und mehr
Alter: ab 4 Jahren
Zeit: 10 Minuten
Material: keines
Ort: in einem großen Raum oder im Freien

Ein Kind ist der Hai. Die anderen Kinder sind kleine Fische, die der Hai gerne als Imbiß verzehrt. Die kleinen Fische rufen immer wieder: „Herr Hai, Herr Hai, wie spät ist es?“ und zupfen ihn währenddessen, damit er sich richtig ärgert. Der Hai antwortet irgend etwas. Nur wenn er ruft: „Essenszeit“, müssen die Kinder sich in Sicherheit bringen, da nun der Hai alle Kinder fressen kann, die er erwischt. Sie werden selbst zum Hai, und das Spiel endet, wenn es keine frechen Fische mehr gibt, sondern nur noch verfressene Haie.

Beim Fangenspiel kribbelt mein Rücken

Spieler/innen: vier und mehr
Alter: ab 4 Jahren
Zeit: 15 Minuten
Material: keines
Ort: in einem ruhigen Raum

Die Kinder sitzen in einem Kreis. Ein Kind beginnt, ein Gefühl zu nennen, das es in einer bestimmten Situation immer hat. Zum Beispiel: „Wenn Mami mich ins Bett bringt, fühle ich mich kuschelig wohl.“ Nun ist das Kind neben ihm an der Reihe. Es wiederholt den Satz des Vorgängers und fügt einen eigenen hinzu. Wenn ein Kind einen Satz vergessen hat, dann helfen ihm die anderen Kinder. Waren alle Kinder einmal an der Reihe, ist das Spiel zu Ende.

Gefühlsstop

Spieler/innen: vier und mehr
Alter: ab 4 Jahren
Zeit: 15 Minuten
Material: keines
Ort: in einem ruhigen Raum

Alle Kinder verteilen sich im Raum. Die Spielleiterin ruft den Kindern immer wieder neue Gefühle zu. Diese versuchen, das Gefühl in Bewegung umzusetzen. Sie springen, wenn die Spielleiterin „fröhlich“ ruft, und schlurfen bei „traurig“. Sie können auch unterschiedliche Geräusche machen. Von Zeit zu Zeit ruft die Spielleiterin: „Stop!“ Nun versuchen die Kinder, sofort ganz ruhig stehenzubleiben und sich nicht mehr zu bewegen, bis ein neues Gefühl genannt wird.

Gefühlspantomime

Spieler/innen: vier und mehr
Alter: ab 4 Jahren
Zeit: 15 Minuten
Material: keines
Ort: in einem ruhigen Raum

Die Kinder sitzen im Kreis. Ein Kind beginnt und geht in die Mitte. Dort versucht es ohne Geräusche ein Gefühl darzustellen. Die anderen Kinder raten welches Gefühl es wohl sein soll. Hat ein Kind das richtige Gefühl entdeckt, darf es selbst in die Mitte gehen und ein neues Gefühl darstellen.

Etwas stimmt da nicht

Spieler/innen: vier und mehr
Alter: ab 4 Jahren
Zeit: 15 Minuten
Material: keines
Ort: in einem ruhigen Raum

Die Kinder bilden zwei Gruppen und stehen sich gegenüber. Die erste Gruppe überlegt sich, welches Gefühl sie darstellen will. Wenn sich die Kinder einig sind, bauen sie aus sich selbst eine „Statue", die dieses Gefühl ausdrückt. Die andere Gruppe versucht, das Gefühl zu erraten. Hat sie richtig geraten, schließen alle Kinder der ratenden Gruppe kurz die Augen, während sich die Statue an einem kleinen Detail verändert. Die Gruppe öffnet wieder die Augen und versucht herauszufinden, was sich verändert hat. Nun ist sie selbst an der Reihe, ein Gefühl darzustellen.

Zwei unterschiedliche Bilder

Spieler/innen: vier und mehr
Alter: ab 4 Jahren
Zeit: 15 Minuten
Material: Papier, Wachsmalstifte
Ort: in einem ruhigen Raum

Jedes Kind bekommt zwei Blätter und Wachsmalstifte. Auf das eine Blatt soll es sich selbst in einer Situation malen, in der es Angst hat. Auf das andere Bild malt es eine Begebenheit, bei der es fröhlich und zufrieden war. Die Spielleiterin stellt den Kindern die Aufgaben nacheinander, damit sie sich auf jedes Bild einzeln konzentrieren können.
Sind alle Kinder fertig, setzen sie sich in einen Kreis und erzählen den anderen Kindern anhand des Bildes die Situation. Die anderen Kinder werden aufgefordert nachzufragen, wenn sie etwas noch nicht verstanden haben. Dabei achtet die Spiellei-

terin darauf, daß die Kinder die Situationen nicht gegenseitig bewerten.

Haben alle Kinder ihr zweites Bild erklärt, einigen sie sich in zwei bis drei Kleingruppen, welche der gehörten Szenen sie spielen wollen. Sie verteilen die Rollen, wobei die Spielleiterin streng darauf achtet, daß kein Kind eine Rolle spielen muß, die es nicht spielen will. Nach einer kurzen Probephase kommen die Kinder wieder in den Kreis und spielen die Szene vor. Dabei ist es nicht wichtig, ob die Kinder sich an die gegebene Vorlage gehalten oder aus ihr eine eigene Situation geschaffen haben. Viel wichtiger ist, daß sie sich im Spiel mit der Person identifizieren, die sie spielen. Nachdem eine Gruppe ihr Spiel vorgetragen hat, werden die Schauspieler gefragt, ob sie nachfühlen konnten, was die gespielte Person in der Situation gefühlt hat. Danach ist die nächste Gruppe an der Reihe.

Heute bin ich sonnig drauf

Spieler/innen: zwei und mehr
Alter: ab 4 Jahren
Zeit: 15 Minuten
Material: verschiedenfarbiger Filz, Klebstoff, kleine auf einen Karton geklebte Symbole für jedes Kind, Klettstreifen
Ort: in einem ruhigen Raum

Aus Filz werden vier verschiedene Bilder mit den Kinder hergestellt. Dazu werden die Motive ausgeschnitten und auf ein mindestens DIN A4 großes Stück Filz geklebt. Ein Bild zeigt zum Beispiel eine Höhle in den Bergen, in der man sich vor der Welt verstecken kann, wenn sie einem zuviel ist und ein Kind einmal alleine sein will. Ein anderes Bild zeigt den wilden Wald, der zum Abenteuer einlädt – für Kinder, die zuviel Energie haben, sei es, weil sie wütend sind oder einfach körperlich im Moment nicht ausgelastet. Das dritte Bild stellt einen Badesee in der Sonne dar und steht für Kinder, die sich einfach nur gut fühlen und das genießen wollen. Und auf dem letzten Bild sind viele Kissen, die die Momente, in denen ein Kind mit anderen kuscheln will oder getröstet werden muß, verbildlichen. Sind die Kinder mit den Bildern fertig, werden diese genau besprochen, und jedem Bild wird ein Gefühl zugeordnet. Die Bilder werden im Raum an die Wand gehängt. Jedes Kind bekommt nun ein ei-

genes Symbolkärtchen oder auch eine Karte mit dem eigenen Namen, auf dessen Rückseite ein Stück Klettstreifen geklebt ist, das gut auf dem Filz hält. Jedes Kind ordnet nun seine Karte einem der Bilder zu, entsprechend den eigenen derzeitigen Gefühlen. Verändern sich diese im Laufe des Tages, können die Kinder ihre Karte auch wieder umstecken. Jeden Morgen, wenn sie in den Kindergarten kommen, werden die Kinder in der nächsten Zeit aufgefordert, ihre Karte auf das richtige Bild zu kleben.
Damit weiß die Spielleiterin, wie in etwa die Stimmungslage der Kinder ist, und kann ihr Programm darauf einstellen, beziehungsweise den Kinder entsprechende Vorschläge machen.

Schwarzer Kater, etwas anders

Spieler/innen: zwei und mehr
Alter: ab 4 Jahren
Zeit: 15 Minuten
Material: keines
Ort: in einem ruhigen Raum

Die Kinder sitzen im Kreis, bis auf eines, das in der Mitte sitzt. Dieses ist der schwarze Kater und krabbelt auf alle Vieren zu einem Kind. Dort macht es laut „Miau". Das Kind, vor dem der Kater sitzt, streichelt ihn und sagt: „Ach du armer, schwarzer Kater!" Den Satz muß es dreimal wiederholen und darf dabei nicht lachen. Wenn es trotzdem lacht, wird es selbst zum schwarzen Kater und gibt seinen Stuhl frei. Das Kind, das angefangen hat, darf sich setzen. Ist der Kater erfolglos, und das Kind, vor dem er sitzt, lacht nicht, muß er zum nächsten Kind ziehen. Jedes vom Kater angesprochene Kind muß sich einen anderen Satz ausdenken: du fröhlicher Kater, du wütender Kater, du trauriger Kater usw.

Gefühlfangen

Spieler/innen: zwei und mehr
Alter: ab 4 Jahren
Zeit: 15 Minuten
Material: eine Mütze
Ort: in einem ruhigen Raum

Ein Kind beginnt. Es nimmt die Mütze in die Hand und versucht, sie einem anderen Kind auf den Kopf zu setzen. Hat es dies geschafft, läuft es davon, und das Kind mit der Mütze muß nun fangen. Bevor es aber losrennen darf, muß es laut ein Gefühl rufen. Alle Kinder versuchen, dieses Gefühl mit ihrem Körper und mit ihrem Gang auszudrücken, auch der Fänger. Wird ein neues Kind zum Fänger, nennt es ein anderes Gefühl.

Blind führen durch ein Labyrinth

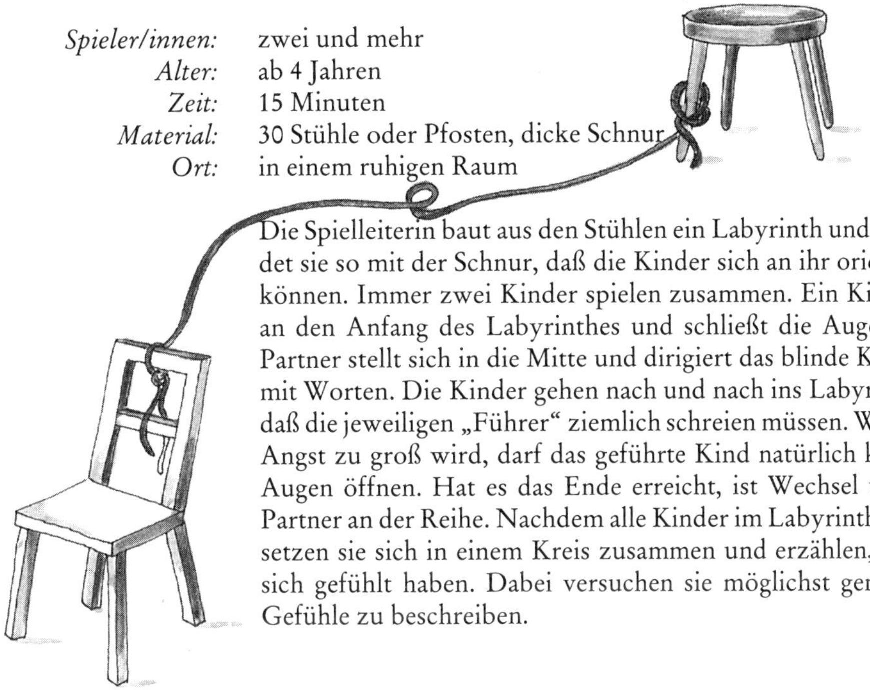

Spieler/innen: zwei und mehr
Alter: ab 4 Jahren
Zeit: 15 Minuten
Material: 30 Stühle oder Pfosten, dicke Schnur
Ort: in einem ruhigen Raum

Die Spielleiterin baut aus den Stühlen ein Labyrinth und verbindet sie so mit der Schnur, daß die Kinder sich an ihr orientieren können. Immer zwei Kinder spielen zusammen. Ein Kind geht an den Anfang des Labyrinthes und schließt die Augen. Sein Partner stellt sich in die Mitte und dirigiert das blinde Kind nur mit Worten. Die Kinder gehen nach und nach ins Labyrinth, so daß die jeweiligen „Führer“ ziemlich schreien müssen. Wenn die Angst zu groß wird, darf das geführte Kind natürlich kurz die Augen öffnen. Hat es das Ende erreicht, ist Wechsel und der Partner an der Reihe. Nachdem alle Kinder im Labyrinth waren, setzen sie sich in einem Kreis zusammen und erzählen, wie sie sich gefühlt haben. Dabei versuchen sie möglichst genau ihre Gefühle zu beschreiben.

Geräuschgeschichte

Spieler/innen: zwei und mehr
Alter: ab 4 Jahren
Zeit: 15 Minuten
Material: keines
Ort: in einem ruhigen Raum

Die Kinder sitzen im Kreis. Die Spielleiterin erzählt ihnen eine Geschichte, die auch aus einem Kinderbuch stammen kann. Sie muß von einem Kind handeln und möglichst viele unterschiedliche Situationen beschreiben. Die Spielleiterin erzählt so langsam, daß die Kinder Geräusche machen können, die der Gefühlslage des Geschichtenhelden entspricht. Wenn dem Kind in der Geschichte zum Beispiel das Eis aus der Hand fällt, machen die Kinder „Ohhh“... Anfangs kann die Spielleiterin die Geräusche selbst mitmachen, um die Kinder zu animieren.

Bilder zuordnen

Spieler/innen: zwei und mehr
Alter: ab 4 Jahren
Zeit: 15 Minuten
Material: viele Kinderbilder, vier Blätter, auf die Gesichtsausdrücke gemalt sind
Ort: in einem ruhigen Raum

Die Spielleiterin hat im Raum vier Bilder auf den Boden gelegt, auf denen vier verschiedene Gesichtsausdrücke zu sehen sind. In der Mitte des Raumes liegt ein Stapel mit Bildern von Kindern in verschiedenen Situationen. Die Kinder spielen zu zweit. Sie nehmen sich ein Bild vom Stapel und überlegen gemeinsam, zu welchem Gesichtsausdruck diese Situation paßt. Sind sie sich einig, legen sie das Bild zu dem entsprechenden Gesicht. Haben die Kinder alle Bilder verteilt, beginnen sie beim ersten Gesicht und schauen, ob eines der Kinder mit der Zuordnung nicht zufrieden ist und das Bild lieber zu einem anderen Gesicht legen würde. Ist dem so, klären die Kinder im Gespräch mit Hilfe der Spielleiterin, wo das Bild nun endgültig liegen soll.
Erst wenn alle Bilder richtig liegen, ist das Spiel zu Ende.

Spiegel an der Wand

Spieler/innen: zwei und mehr
Alter: ab 4 Jahren
Zeit: 15 Minuten
Material: für jedes Kind ein Spiegel
Ort: in einem ruhigen Raum

Die Kinder sitzen im Raum verteilt. Jedes Kind hat einen Handspiegel bei sich. Die Spielleiterin nennt nun nach und nach verschiedene Gefühle, die die Kinder mit dem Gesicht auszudrücken versuchen. Sie probieren so lange verschiedene Grimassen, bis sie selbst mit ihrem Spiegelbild zufrieden sind. Nach einigen Begriffen suchen sich die Kinder eine Mimik aus, die ihnen am besten gefallen hat. Diese zeigen sie den anderen Kindern.
Alle Kinder, die das gleiche Gefühl darstellen, gehen gemeinsam in eine Kleingruppe.
Nun versuchen sie, das jeweilige Gefühl unterschiedlich darzustellen. Sie stellen sich in eine Reihe, und das erste Kind schaut nur ein bißchen traurig. Das nächste Kind ist schon trauriger, und das letzte Kind ist vor Weinen ganz in sich zusammengefallen.

Schattengefühle

Spieler/innen: zwei und mehr
Alter: ab 4 Jahren
Zeit: 15 Minuten
Material: ein Leintuch, eine Schnur, Wäscheklammern, ein Dia- oder Overheadprojektor
Ort: in einem ruhigen Raum

Die Schnur wird durch den Raum gespannt und das Leintuch mit den Wäscheklammern daran befestigt. Der Diaprojektor wird an die Wand gestellt und eingeschaltet, so daß sein Licht direkt auf das Tuch fällt. Die Kinder sitzen auf der anderen Seite des Leintuches. Nun beginnt ein Kind. Es hat sich ein Gefühl überlegt und stellt sich direkt ins Licht. Die anderen Kinder können seinen Schatten sehen, aber nicht seine Gesichtszüge erkennen. Das Kind hinter dem Tuch versucht, das ausgedachte Gefühl mit seinem Körper darzustellen. Die anderen Kinder raten, welches Gefühl da gerade gespielt wird. Wer es als erster weiß, darf hinter das Tuch gehen und das nächste Gefühl darstellen. Die Spielleiterin sollte sich vor dem Spiel einige Begriffe überlegen, damit sie den Kindern aushelfen kann, falls ihnen gerade nichts einfällt.

Instrumentenglück

Spieler/innen: zwei und mehr
Alter: ab 4 Jahren
Zeit: 15 Minuten
Material: viele verschiedene Instrumente oder andere Dinge, mit denen Kinder Geräusche machen können.
Ort: in einem ruhigen Raum

Die Kinder sollen erst einmal mit den Instrumenten experimentieren dürfen. Das wird zwar sehr laut, aber nur so können die Kinder verschiedene Klangvarianten herausfinden. Nach einiger Zeit setzen sie sich in einen großen Kreis. Jedes Kind stellt sein

Instrument vor und zeigt den anderen Kindern, was es damit alles machen kann. Die Spielleiterin nennt ein Gefühl, und die Kinder versuchen, es mit den Instrumenten auszudrücken. Immer wenn die Spielleiterin ihre Hand hoch hält, müssen sie abbrechen und den Lärm beurteilen, den sie gerade gemacht haben. War das wirklich glücklich? Oder chaotisch? Die Kinder versuchen nun, nach und nach alle Instrumente herauszufinden, die zu dem genannten Gefühl passen. Die anderen Kinder halten ihre Instrumente solange still. Wenn alle Kinder zufrieden sind, wird das nächste Gefühl durch Klänge dargestellt. Zum Schluß können sich Gefühlsgruppen bilden. Die Kinder sitzen in Kleingruppen verteilt im Raum, und jede Gruppe erhält ein Gefühl, zu dem sie einen Klang erzeugen soll. Die Spielleiterin ruft nacheinander verschiedene Gefühle auf, und es entsteht eine Gefühlssonate.

Traurig oder froh?

Spieler/innen: zwei und mehr
Alter: ab 4 Jahren
Zeit: 15 Minuten
Material: keines
Ort: in einem ruhigen Raum

Die Kinder sitzen in einem Kreis. Ein Kind beginnt und erzählt ein Gedicht oder einen Liedervers, den es schon kennt. Im Vorfeld muß es sich eine Stimmung überlegen, in der es den Text vortragen möchte. Während es versucht, den Text in dieser Stimmung vorzutragen, warten die anderen Kinder ab und raten im Anschluß, welche Stimmung es wohl gewesen sein könnte. Dann ist das nächste Kind an der Reihe.

Chaos am Morgen

Spieler/innen: sechs und mehr
Alter: ab 4 Jahren
Zeit: 30 Minuten
Material: keines
Ort: in einem ruhigen Raum

An einem Morgen ist im Kindergarten nichts fertig und gar nichts vorbereitet. Die Kinder kommen in den Raum, und die Spielleiterin ist nicht da. Es ist kein Tee gekocht, der Tisch, an dem die Kinder frühstücken, ist voller Unterlagen, im Winter sind die Fenster auf und die Heizung aus, im Sommer dagegen die Fenster zu und die Heizung an. Alles, was die Spielleiterin normalerweise morgens macht, ist nicht getan.
Die Spielleiterin wartet einige Zeit ab und schaut, wie die Kinder sich verhalten.
Dann ruft sie alle im Kreis zusammen: Die Kinder sollen erzählen, wie sie sich fühlen oder gefühlt haben. Sie spricht mit den Kindern dabei auch über die Ansprüche, die die Kinder haben. Was erwarten sie und welche Gefühle tauchen auf, wenn ein Erwachsener den Ansprüchen nicht gerecht wird?
Gemeinsam wird im Anschluß alles wieder in Ordnung gebracht, und es gibt das wohlverdiente Frühstück.

An dem Tag war ich...

Spieler/innen: vier und mehr
Alter: ab 4 Jahren
Zeit: 15 Minuten
Material: keines
Ort: in einem ruhigen Raum

Die Kinder sitzen in einem Kreis. Ein Kind beginnt, ein eigenes Erlebnis zu erzählen. Die anderen Kinder hören zu. Sie versuchen während der ganzen Geschichte, die Gefühle, von denen das Kind erzählt, mit ihrem Gesicht darzustellen. Anschließend versucht das nächste Kind, ein Erlebnis mit einem anderen Gefühl zu beschreiben.

Am Ende des Tages

Spieler/innen: zwei und mehr
Alter: ab 4 Jahren
Zeit: 15 Minuten
Material: keines
Ort: in einem ruhigen Raum

Die Kinder sitzen alle im Kreis. Bevor die Kinder nach Hause gehen, versuchen sie gemeinsam, den Tag noch einmal zu überdenken. In der ersten Runde sagt jedes Kind etwas, was ihm an diesem Tag nicht gefallen hat. Das kann am Programm oder auch an anderen Kindern, dem Wetter und so weiter gelegen haben. Wichtig ist aber, daß es danach sagt, *wie* es sich gefühlt hat. Die Spielleiterin achtet darauf, daß die Kinder wirklich von sich sprechen. Beispiel: „Mir hat nicht gefallen, daß Ilona mir meine Puppe weggenommen hat. Ich habe mich dabei viel schwächer als sie gefühlt." In der zweiten Runde nennen alle Kinder etwas, was ihnen gefallen hat, und sie sprechen auch dabei von ihrem eigenen Gefühl.

4. Fühlen ist wie Feuerschweiß und Himbeereis

Über Gefühle sprechen, sie wahrnehmen, begreifen und sie spielen

In den folgenden Spielen lernen die Kinder, sich an ihre Gefühle zu erinnern und sie gegenseitig bei anderen Kindern wahrzunehmen. Einfühlen ist ein wichtiges Stichwort an dieser Stelle. Sich vorstellen zu können, wie es dem anderen geht, ist Voraussetzung dafür, daß in einem Gespräch Hilfen angeboten werden können und die Verhaltensweisen der anderen akzeptiert werden. Gleichzeitig werden die Kinder im Laufe dieser Arbeit merken, daß sie mit allen ihren Ängsten und Sorgen ernst genommen werden, seien sie auch noch so undeutlich oder unrealistisch. Voraussetzung dafür ist allerdings, daß die Erwachsenen dies auch wirklich tun.

Von kleinen und von großen Sorgen

Spieler/innen: zwei und mehr
Alter: ab 4 Jahren
Zeit: 10 Minuten
Material: Plakatpapier, Stift
Ort: in einem ruhigen Raum

Die Kinder sitzen in einem Kreis. Sie erzählen der Spielleiterin, was ihnen Sorgen macht, wovor sie Angst haben und was sie schrecklich finden, tun zu müssen. Haben die Kinder alles gesagt, fordert die Spielleiterin sie auf, sich zu überlegen, welche Sorgen und Ängste Erwachsene haben. Die Kinder wissen sicher eine ganze Menge. Die Spielleiterin schreibt alles, was die Kinder sagen, auf das Plakat, eine Reihe für die Kinder- und eine für die Erwachsenensorgen. Während die Kinder sammeln, darf nicht diskutiert werden. Erst im nachhinein dürfen die Kinder sagen, was sie in der Liste falsch finden. Die Spielleiterin hat die Aufgabe, den Kindern zu verdeutlichen, daß niemand einem anderen sagen könne, daß dies kein Grund zur Angst sei. Jeder Mensch muß für sich ganz allein entscheiden, ob ihn etwas berührt oder nicht.
Als nächstes bittet die Spielleiterin die Kinder zu unterscheiden, welche Ängste und Sorgen groß sind und welche klein. Die Kinder sollen sich dabei auch überlegen, ob es so etwas überhaupt gibt, große und kleine Sorgen, oder ob nicht alle Sorgen in dem Moment, in dem jemand sie hat, immer groß sind.
Nun vergleichen die Kinder mit Hilfe der Spielleiterin die Ängste untereinander. Welche Ängste haben große und welche kleine Menschen? Für die gemeinsamen Ängste suchen sich die Kinder ein Symbol und malen dann alle gefundenen Symbole auf ein neues Blatt. So können die Kinder sich in der nächsten

Zeit eine Sorge oder eine Angst immer wieder einmal genauer anschauen und gemeinsam überlegen, wie man besser damit umgehen kann. Zum Beispiel wäre es möglich, mit den Kindern Rituale wider die Angst einzuüben. Manchmal helfen auch erfundene Zaubersprüche gegen Gespenster und Vampire: „Vampir, Vampir, du armes Tier, du bist allein, und wir sind vier!" Oder die Kinder schnitzen sich einen Hexenstock, den sie in Zukunft immer in den Keller mitnehmen, um gegen die Dunkelheit gewappnet zu sein. Die Spielleiterin sollte bereit sein, auf die spleenigsten Ideen der Kinder einzugehen, und alles mögliche auszuprobieren. Die Kinder müssen am Entwicklungsprozeß der Rituale beteiligt sein, denn nur dann wirken sie gegen die Angst.

Ihm geht es glaub ich heute so...

Spieler/innen: zwei und mehr
Alter: ab 4 Jahren
Zeit: 10 Minuten
Material: Kopien mit sechs verschiedenen Gesichtsausdrücken für jedes Kind
Ort: in einem ruhigen Raum

(Die sechs verschiedenen Gesichtsausdrücke können jene des Mimürfels von Seite 76 sein.)
Jedes Kind hat die sechs Blätter vor sich, während alle im Kreis sitzen. Nun beginnt ein Kind, für seinen rechten Nachbarn ein Bild herauszusuchen, und zwar das Gesicht, von dem es glaubt, daß dies der momentanen Grundstimmung seines Nachbarn entspricht. Er legt das Bild vor ihn hin und wartet ab, ob es richtig geraten hat. Das Kind, für das das Gesicht herausgesucht wurde, sagt nun, ob die Stimmung stimmt oder ob es ein anderes Gesicht vor sich legen will. Dann ist es selbst an der Reihe, für seinen rechten Nachbarn das richtige Bild herauszufinden.

Knuddelkiste

Spieler/innen: zwei und mehr
Alter: ab 4 Jahren
Zeit: 10 Minuten
Material: für jedes Kind ein Schuhkarton, Klebstoff, Stoffe, glitzerndes, buntes Papier, Karton, Geschenkpapier, Geschenkbänder, Scheren, Perlen, Streichhölzer und viel andere Bastelmaterialien
Ort: in einem ruhigen Raum

Jedes Kind bekommt einen Schuhkarton, und die sonstigen Materialien stehen der ganzen Gruppe zur Verfügung. Die Kinder sollen nun ihren Karton innen und außen so verzieren, wie es ihnen gefällt. Sie haben Zeit für diese Aufgabe, und es ist wichtig, daß sie auch über mehrere Tage immer wieder daran arbeiten können, wenn sie sich nicht so lange an einem Stück darauf konzentrieren können. Wenn alle fertig sind, bestaunen die Kinder ihre Kartons gegenseitig. Nun hat jedes Kind einen „Briefkasten". Die Kartons stehen für alle zugänglich im Raum, und die Kinder können darin ihre kleinen Schätze aufbewahren und sich gegenseitig kleine Überraschungen hineinlegen. Aber sie können es auch aufzeichnen und in den entsprechenden Karton legen, wenn sie an einem anderen Kind etwas stört oder sie sich über etwas geärgert haben. Auch ein kleines Kuscheltier hat darin Platz, mit dem die Kinder sich selbst und andere trösten können.

Wichtig ist, daß die Kartons nicht zu Müllboxen verkommen. Die Nachrichten, die hinein gelegt werden, müssen von der Spielleiterin in Gesprächen immer wieder aufgegriffen werden, so daß die Kinder nicht nur Nachrichten in die Kartons legen, sondern sich miteinander auseinandersetzen. Eine gute Möglichkeit ist, am Ende des Tages immer nochmals in die Kartons zu schauen und eventuell entstandene Probleme gleich zu klären oder aber sich mit den anderen über kleine Geschenke zu freuen. So können die Kinder „ohne Reste" nach Hause gehen.

Streithähne und Friedensstifter

Spieler/innen: vier und mehr
Alter: ab 4 Jahren
Zeit: 10 Minuten
Material: keines
Ort: in einem ruhigen Raum

Die Kinder teilen sich in Kleingruppen zu je vier Kinder auf. In den Gruppen überlegen sie gemeinsam Situationen, in denen Menschen streiten. Es müssen keine Situationen aus ihrem eigenen Erleben sein. Jede Gruppe soll dann für die anderen Kinder die ausgedachte Szene spielen. Wichtig ist dabei, daß die Kinder nur die Rollen übernehmen, zu denen sie auch Lust haben. Jede Szene soll zweimal gespielt werden. Beim ersten Versuch streiten sich die Kinder entsprechend der ausgewählten Situation und können sich nicht einig werden, beim zweiten Mal suchen sie gemeinsam eine Lösung und zeigen, wie es ohne Streit gehen kann.
Jedesmal, wenn eine Gruppe ihre beiden Stücke gespielt hat, schließt sich ein Gespräch an. Zuerst erzählen die Zuschauer, wie sie das Streiten und die gefundene Lösung fanden, anschließend versuchen die Kinder gemeinsam, die Lösung auf Situationen zu übertragen, die sie selbst im Alltag des öfteren erleben.

Mimürfel kennenlernen

Spieler/innen: zwei und mehr
Alter: ab 4 Jahren
Zeit: 10 Minuten
Material: ein Mimürfel, circa DM 16,– erhältlich bei der Arbeitsstelle für Neues Spielen, Am Dobben 109, 28203 Bremen
Ort: in einem ruhigen Raum

Anmerkung: Die Mimürfel sind Würfel, auf deren sechs Seiten verschiedene Gesichter geprägt sind. Es gibt ein glückliches, ein lachendes, ein staunendes, ein trauriges, ein wütendes Gesicht und eines, das nicht so richtig weiß, wie es sich fühlen soll. Diese Gesichter können auch auf einen Schaumstoffwürfel gezeichnet werden. Das hat den Vorteil, daß die Kinder immer alle gleich sehen, welches Gesicht gewürfelt worden ist. Allerdings können mit einem einzigen Würfel nicht alle Spiele gespielt werden, da bei einigen jedes Kind einen eigenen Würfel braucht. Die Mimürfel sind multithematisch einsetzbar.

Die Spielleiterin bespricht die einzelnen Gesichter mit den Kindern. Anschließend würfelt ein Kind, und alle anderen rufen gemeinsam, wie das Gefühl zu dem gewürfelten Gesicht heißt. In der zweiten Runde versuchen die Kinder, das entsprechende Gefühl mit dem Körper auszudrücken. Und zum Schluß probieren es die Kinder mit einem Geräusch und unterstützen dieses mit dem Körper.

Mimik raten

Spieler/innen: vier und mehr
Alter: ab 4 Jahren
Zeit: 5 Minuten
Material: ein Mimürfel
Ort: in einem ruhigen Raum

Die Kinder sitzen im Kreis. Ein Kind würfelt für sich alleine und zeigt den anderen, was es gewürfelt hat, indem es mit seinem Gesicht die gewürfelte Mimik nachmacht. Das Kind, das zuerst das richtige Gefühl nennt, darf als nächstes würfeln.
Variation: Kinder, die erraten haben, um welche Mimik es sich handelt, stellen sich zu dem Kind, das gewürfelt hat, und setzen dieselbe Mimik auf. Wenn alle Kinder beieinander stehen, ist das nächste Kind mit Würfeln an der Reihe.

Gefühlspost

Spieler/innen: sechs und mehr
Alter: ab 4 Jahren
Zeit: 5 Minuten
Material: ein Mimürfel
Ort: in einem ruhigen Raum

Ein Kind würfelt für sich und hält die Hände links und rechts ans Gesicht. Hinter den Händen macht es die gewürfelte Mimik nach und zeigt sie dem rechten Nachbarkind. Dabei macht es kein Geräusch. Das Kind, dem die Mimik gezeigt wurde, verfährt genauso. So wandert die Mimik durch den Kreis, und alle können gespannt sein, was das letzte Kind für eine Grimasse schneidet.

Gefühlsfamilien

Spieler/innen: acht und mehr
Alter: ab 4 Jahren
Zeit: 15 Minuten
Material: für jedes Kind ein Mimürfel
Ort: in einem ruhigen Raum

Die Kinder verteilen sich im Raum. Jedes Kind würfelt für sich mit seinem Mimürfel. Es macht die gewürfelte Mimik nach, ohne dabei ein Geräusch von sich zu geben. Nun gehen die Kinder im Raum herum und suchen, ohne zu sprechen, andere Kinder, die die gleiche Mimik gewürfelt haben. Haben sich alle Gefühlsfamilien gefunden, wird neu gewürfelt.

Da war ich auf einmal...

Spieler/innen:	vier und mehr
Alter:	ab 4 Jahren
Zeit:	15 Minuten
Material:	ein Mimürfel
Ort:	in einem ruhigen Raum

Die Kinder sitzen im Kreis. Ein Kind beginnt zu würfeln. Anschließend erzählt es eine Situation, in der es sich genauso gefühlt hat, wie es das gewürfelte Gesicht ausdrückt. Es beschreibt die Situation und wer daran beteiligt war. Danach gibt es den Würfel weiter, und das nächste Kind würfelt neu.
Wenn jedes Kind einmal gewürfelt hat, ist das Spiel zu Ende.
Anschließend soll jedes Kind sich in der geraden erzählten Situation malen.

Tolle Geschichten

Spieler/innen:	zwei und mehr
Alter:	ab 4 Jahren
Zeit:	10 Minuten
Material:	ein Mimürfel
Ort:	in einem ruhigen Raum

Die Spielleiterin beginnt mit einer Geschichte. Sie erzählt zum Beispiel vom kleinen Tobias, der in seinem Bett liegt und gerade aufwacht. Nun wollen alle einmal sehen, wie es Tobias an diesem Tag geht. Die Spielleiterin würfelt mit dem Mimürfel und stellt fest, daß er sehr wütend ist. Warum nur? Sie erzählt noch ein bißchen und gibt dann den Würfel an das nächste Kind weiter. Das Kind würfelt neu und erzählt die Geschichte so weiter, daß Tobias in die neu gewürfelte Gefühlslage kommt. Zum Beispiel muß er zum Zahnarzt und kann deshalb nicht in der Kindergarten. Aber er hat Glück, der Zahnarzt findet bei der Untersuchung nichts, und Tobias kann, wenn auch spät, doch noch in den Kindergarten...

Ich liebe Griesbrei

Spieler/innen: zwei und mehr
Alter: ab 4 Jahren
Zeit: 15 Minuten
Material: für jedes Kind ein Mimürfel
Ort: in einem ruhigen Raum

Alle Kinder sitzen im Kreis. Die Spielleiterin macht eine Feststellung, wie zum Beispiel: „Ich liebe Grießbrei." Nun legt ein Kind seinen Mimürfel für die anderen Kinder verdeckt vor sich hin. Wenn es Grießbrei liebt, legt es den strahlenden Gesichtsausdruck nach oben und deckt ihn mit der Hand zu, oder aber eine entsprechende andere Mimik. Die anderen Kinder versuchen nun, die Mimik zu erraten, die das Kind gelegt hat, und legen den Würfel dementsprechend vor sich hin. Jetzt wird das Rätsel aufgelöst. Wenn nötig, wird über die Einschätzungen noch kurz gesprochen, dann stellt die Spielleiterin eine neue Behauptung für ein anderes Kind auf.

Mimürfelszene

Spieler/innen: zwei und mehr
Alter: ab 4 Jahren
Zeit: 15 Minuten
Material: ein Mimürfel für jedes Kind
Ort: in einem ruhigen Raum

Die Kinder bilden Kleingruppen. Jeder Gruppe denkt sich eine alltägliche Situation aus, die sie dann spielt. Zum Beispiel: Die Familie sitzt beim Abendbrot, und das Kind möchte heute ausnahmsweise nach dem Essen noch einmal draußen spielen. Was sagen die Eltern, was das Kind? Die Szene wird mit einfachen Mittel aufgebaut, und die Spieler nehmen ihre Rollen und Positionen ein. Bevor es losgeht, würfelt jedes Kind die Stimmung, in der es spielen soll. So kann es sein, daß der Vater keine Meinung hat, die Mutter aber sehr wütend reagiert. Die Gruppe spielt die Szene, und die anderen Kinder schauen zu. Danach unterhalten sich die Zuschauer und Spieler darüber, wer welche Stimmung gewürfelt hatte und wie die Kinder sie hätten noch deutlicher darstellen können. Wenn die Kinder Lust haben, können sie die Szene noch ein paar mal spielen und versuchen, die jeweilige Stimmung besser zu verdeutlichen.

Woran denkst du, Glückspilz?

Spieler/innen: zwei und mehr
Alter: ab 4 Jahren
Zeit: 10 Minuten
Material: keines
Ort: in einem ruhigen Raum

Die Kinder sitzen bequem im Raum. Die Spielleiterin fragt sie, was ihnen zu dem Wort „Glückspilz" einfällt. Was stellen sie sich unter einem Glückspilz vor? Steht der Begriff für etwas Gutes oder für etwas, das nicht so gern erlebt wird? Ist es ein Zusand, oder kann man selbst dazu beitragen?
Weitere Wörter können sein:
Angsthase
Hans-guck-in-die-Luft
Pechvogel
Unglücksrabe
Glücksengel
Trauerkloß
Clown
Miesepeter
Freudentränen
Kratzbürste
Leichtfuß
Meckerliese
Glückstaumel
Tolpatsch
Sonntagskind

Da mußt' ich an den Teddy denken

Spieler/innen: zwei und mehr
Alter: ab 4 Jahren
Zeit: 10 Minuten
Material: verschiedenes Material, das markante Eigenschaften hat
Ort: in einem ruhigen Raum

Die Kinder sitzen in einem Kreis und schließen die Augen. Die Spielleiterin gibt ein Material in den Kreis. Die Kinder betasten und befühlen es zuerst und geben es dann weiter. Haben alle Kinder das Material angefaßt, öffnen sie die Augen und erzählen einander nicht, was es wohl gewesen ist, sondern an was es sie erinnert hat und welche Bilder ihnen in den Kopf gekommen sind.
Danach schließen sie wieder die Augen, und die Spielleiterin gibt ein neues, ganz anderes Material in den Raum.

Menschen raten einmal anders

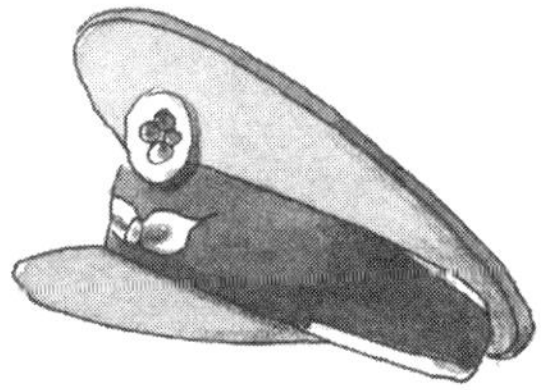

Spieler/innen: zwei und mehr
Alter: ab 4 Jahren
Zeit: 10 Minuten
Material: keines
Ort: in einem ruhigen Raum

Die Kinder sprechen mit der Spielleiterin bestimmte Rollen oder Berufe durch, zum Beispiel: Macht ein Polizist oder ein Hausmeister Angst? Ist eine alte Frau immer nett?
Dann überlegt sich das erste Kind eine Person, die die anderen erraten sollen. Es fängt an, seine Gefühle dieser gegenüber zu beschreiben, zum Beispiel: „Manchmal ist er ganz gut aufgelegt und schenkt mir was Süßes. Ein anderes Mal hat er einen ganz grimmigen Mund und scheucht uns weg, damit wir alle woanders spielen." Wer als erstes erraten hat, daß der Hausmeister der Kita gemeint ist, darf einen neuen Menschen beschreiben und erraten lassen.

Kombinationen

Spieler/innen: zwei und mehr
Alter: ab 4 Jahren
Zeit: 10 Minuten
Material: viele Plättchen mit unterschiedlichen Bildern und Gesichtsausdrücken
Ort: in einem ruhigen Raum

Die Kinder sitzen auf dem Boden oder am Tisch. Es liegen mindestens zwanzig verschiedene Bilder (Arzt, Küche, Bett, Wald Laden, Restaurant, Auto usw.) verdeckt auf dem Boden, daneben gleich viele Gesichtsausdrücke (lachend, weinend, fröhlich, traurig, wütend usw.). Das erste Kind dreht zwei Plättchen um. Deckt es eine Mimik und ein Bild auf, überlegt es sich, ob es schon einmal eine Situation erlebt hat, die dieser Kombination entspricht. Solch eine Situation kann z.B. sein, daß es im Bus schon mal wütend war oder jemand anderes wütend mit ihm selbst war (Karten: „Bus“ und „wütend“). Die dazugehörige Geschichte erzählt es den anderen: Warum es wütend war, wann und so weiter. Im Anschluß daran darf es die beiden Kärtchen zu sich nehmen, und das nächste Kind ist an der Reihe. Hat es zwei Mimiken oder zwei Bilder gezogen, dreht es die Karten wieder um, und das nächste Kind zieht zwei Karten.

5. Drachen gehören in den Käfig

Bewältigungsstrategien entwickeln und entspannen

In diesem Kapitel lernen die Kinder auf verspielte Weise, ihre Probleme anzugehen und sie zu bewältigen. Es werden Handlungsstrategien und Lösungsmöglichkeiten aufgezeigt, die die Kinder immer wieder im Rollenspiel und im Gespräch einüben können, so daß sie ihnen auf Dauer als Repertoire zur Verfügung stehen.

Die Spielleiterin muß darauf achten, nicht zu schnell selbst Ideen einzubringen. Wenn die Kinder die Möglichkeit haben, ihre eigenen Vorschläge umzusetzen, werden sie schneller Vertrauen in sich selbst entwickeln und erfahren, daß sie nicht nur Opfer sein müssen, sondern sich auch wehren können.

Darüber hinaus gehen die Spiele dieses Kapitels auf das Problem von Streß und Entspannung bei Kindern ein. Eine Menge Streß können Kinder selbst abbauen, wenn sie gelernt haben, sich zu entspannen. Wenn ein Kind nachts vor der Dunkelheit Angst hat und deshalb nicht einschlafen kann, wirkt eine Entspannungsübung oft Wunder. Das Kind vergißt, über die Konzentration auf den Atem zum Beispiel, daß es Angst hat. Es wird ruhig und schläft ein.

Schatzkiste

Spieler/innen: zwei und mehr
Alter: ab 4 Jahren
Zeit: 10 Minuten
Material: keines
Ort: in einem ruhigen Raum

Die Spielleiterin schleppt pantomimisch eine große, imaginäre Kiste in den Raum und läßt sich dabei von den Kindern helfen. Sie erklärt ihnen, es sei eine Schatzkiste, in der von jedem Kind ein wertvolles Stück liege. Sie fordert die Kinder auf, nacheinander an die Kiste zu gehen und sich ihren Gegenstand aus der Kiste zu holen. Jedes Kind muß sich nun „seinen" Gegenstand ausdenken, zeigt ihn den anderen Kindern und erklärt, um was für einen Gegenstand es sich handelt und wozu es ihn braucht. Wenn alle an der Reihe waren, werden die Gegenstände nochmals in Erinnerung gerufen, und die Spielleiterin betont, wie wertvoll diese Dinge für das Zusammenleben in der Gruppe sind. Anschließend werden sie alle wieder in die Kiste gelegt, und die Kiste wird gemeinsam in ein Ecke des Raumes gestellt.

Kuschelecke

Spieler/innen: ein Kind und mehr
Alter: ab 4 Jahren
Zeit: 60 Minuten
Material: für jedes Kind ein Schuhkarton, Klebstoff, Scheren, Buntpapier, Stoffe, Watte, Geschenkpapier, Geschenkbänder, Perlen, Glitzerndes, Pfeifenputzer, Teppichreste und andere Bastelmaterialien
Ort: in einem ruhigen Raum

Jedes Kind bekommt einen Schuhkarton und hat Zeit, sich das Bastelmaterial genau anzuschauen.
Jedes Kind soll sich dann mit seinem Karton eine Weile zurückziehen und überlegen, wie ein Zimmer aussehen müßte, in das es sich zurückziehen wollte, wenn es traurig wäre oder Angst hätte. Dieses Zimmer sollen die Kinder in dem Karton als Miniatur gestalten.
Sie haben dafür viel Zeit, und wenn sie wollen, können sie auch über mehrere Tage daran arbeiten. Sind alle Kuschelecken fertig, gibt es eine Ausstellung, zu der alle Kinder eingeladen werden. Jedes Kind erzählt dann den anderen, warum es seine Ecke so gestaltet hat.

Da könnt ihr doch...

Spieler/innen: sechs und mehr
Alter: ab 4 Jahren
Zeit: 20 Minuten
Material: keines
Ort: in einem ruhigen Raum

Die Kinder treffen sich in Dreiergruppen und einigen sich auf eine Problemsituation, die Angst macht. Anschließend bereiten sie die Situation als ein Stegreifspiel vor: Die Rollen werden verteilt, Utensilien bereitgelegt, und es findet eine Generalprobe statt. Wenn alle Gruppen ihre Vorbereitungen abgeschlossen haben, beginnt die erste Gruppe, ihr Stück aufzuführen. Am Ende bleiben die „Schauspieler“ in ihrer Position sitzen. Die anderen Kinder beraten sich in ihren Kleingruppen kurz und bieten dann einen Lösungsvorschlag an. Die spielende Gruppe entscheidet sich für einen und setzt ihn sofort in Szene, so daß sich die angstmachende Situation im Spiel selbst auflöst. Ein kurzes Gespräch über die verschiedenen Gefühle der Kinder beendet die Szene. Die Gruppe, die den Lösungsvorschlag gemacht hat, beginnt anschließend mit ihrem eigenen Spiel.

Diese Spiele lassen sich gut bei Streitereien unter den Kindern einsetzen. Die streitenden Kinder werden zusammen auf einen Stuhl gesetzt. Andere Kinder übernehmen ihre Rollen. Sie lassen sich das Geschehen beschreiben, das dem Streit vorherging. Diese Szene spielen sie bis zu dem Punkt nach, an dem der Streit begann. Nun überlegen sich die beiden „Streithähne“, wie die Situation aufgelöst werden kann, ohne daß ein Streit ausbricht. Die anderen beiden Kinder spielen dementsprechend weiter. Im anschließenden Gespräch wird überlegt, warum eine friedliche Lösung zuerst nicht möglich war.
Auf keinen Fall darf die Spielleiterin die Diskussion nutzen, den beiden Streithähnen Vorwürfe zu machen. In einer Streitsituation ist es viel schwieriger, die friedliche Lösung zu sehen, als wenn man Zuschauer ist! Es kann sein, daß es den Kindern erst nach einem längeren Prozeß gelingt, verschiedene Kompromißmöglichkeiten zu finden.

Hilfe geben

Spieler/innen: zwei und mehr
Alter: ab 4 Jahren
Zeit: 15 Minuten
Material: keines
Ort: in einem ruhigen Raum

Die Kinder sitzen im Kreis. In der Mitte steht ein Stuhl, auf den sich das erste Kind setzen darf.
Es hat sich eine Situation ausgedacht, in der es Hilfe brauchen könnte. So erzählt es zum Beispiel: „Ich bin allein zu Hause, und am Fenster knirscht es immer so…" Oder: „Ich bin allein im Keller und soll Mineralwasser holen…"
Die anderen Kinder überlegen sich, was sie dem Kind in der Mitte geben könnten, damit es sich nicht mehr zu fürchten braucht. Nacheinander machen sie ihre Vorschläge, zum Beispiel: „Ich gebe dir eine Taschenlampe oder ein Telefon, damit du deine Mutter anrufen kannst." Das Kind in der Mitte hört sich die angebotenen Hilfen an und entscheidet sich, welche von den vielen es haben will. Da schreien alle Kinder laut „Hurra" und tanzen mit dem Kind um den Stuhl.
Danach setzt sich das nächste Kind in die Mitte.

Beschwörende Sprüche

Spieler/innen: zwei und mehr
Alter: ab 4 Jahren
Zeit: 15 Minuten
Material: keines
Ort: in einem ruhigen Raum

Die Kinder sitzen im Kreis. Sie erzählen, vor welchen Figuren im Fernsehen, vor welchen Menschen oder Gestalten sie Angst haben. Dabei brauchen diese Figuren nicht real zu existieren, sondern können aus dem Fernsehprogramm oder aus der Spielzeugkiste stammen. Wenn ein paar Namen gefallen sind und die Kinder beschrieben haben, was diese Besonderes können, überlegen sie sich gemeinsam, vor was umgekehrt die Figuren Angst haben könnten, da alle Menschen einmal Angst vor etwas haben, mögen sie auch noch so stark sein. Wenn die Gruppe etwas gefunden hat, dichtet sie einen Vers, zum Beispiel: „Die Gremlins finden Durchfall grauenhaft, weil das den stärksten Gremlin schafft." Oder: „Der Knoblauch hängt im Zimmer hier, den doofen Vampir vertreibt er mir." Oder: „Von jetzt an weiß ich es genau, wer schlägt ist dumm, und ich bin schlau."

Kraftgürtel

Spieler/innen:	zwei und mehr
Alter:	ab 4 Jahren
Zeit:	15 Minuten
Material:	bunte Baumwolle
Ort:	in einem ruhigen Raum

Die Kinder flechten oder weben gemeinsam einen Kraftgürtel, den alle Kinder tragen können. Weben ist besonders schön, weil die Kinder dafür Material sammeln und es mit in den Gürtel flechten können. Wenn der Gürtel fertig ist, versammeln sich alle Kinder. Nun muß jedes Kind seine besondere Kraft in den Gürtel geben. Dazu bindet es sich den Gürtel um und sagt den anderen Kindern, was es besonders gut kann. Anschließend

spielt das Kind das Gesagte pantomimisch. Nun besitzen alle, die den Gürtel tragen, etwas von dieser Kraft. Haben alle Kinder ihre Kraft in den Gürtel gelegt, wird er auf buntem Seidenpapier in eine schön verzierte Schachtel gelegt. Wenn ein Kind nun einen schweren Tag hat oder sich vor etwas fürchtet, kann es mit der Gruppe absprechen, daß es den Gürtel ausgeliehen bekommt, damit die ganze Gruppe und die ganze Kraft bei ihm sind.
Die Spielleiterin achtet darauf, daß die Kinder auch Friedfertigkeit, Kooperationsbereitschaft, Gut-miteinander-reden-Können und so weiter in den Gürtel geben.

Wenn Ungeheuer in die Luft gehen

Spieler/innen: ein Kind und mehr
Alter: ab 4 Jahren
Zeit: 20 Minuten
Material: Luftballons, Propangas, DIN A 3 Papier, Wasserfarben, Pinsel
Ort: in einem ruhigen Raum und im Freien

Die Kinder malen etwas auf, vor dem sie besonders viel Angst haben, z.B. eine Gestalt, die sie nachts in ihrem Zimmer besucht und sie bedroht. Es können Gespenster sein oder Vampire oder der rote Ritter: Was immer es ist, jetzt wird es auf das Papier gebannt. Wo sein Abbild ist, muß auch es selbst sein.
Wenn alle Kinder fertig sind, beginnen sie um die Ungeheuer zu tanzen und ihnen lange Nasen zu machen. Es kann sein, daß die Kinder die Bösewichte auch anschreien und ausschimpfen müssen.
Wenn sie sich die Wut und die Angst von der Seele geschrien und getanzt haben, werden die bemalten Papiere an zwei Luftballons gehängt und auf Nimmerwiedersehen ins All entlassen.

Kleine Schritte

Spieler/innen: zwei und mehr
Alter: ab 4 Jahren
Zeit: 15 Minuten
Material: keines
Ort: in einem ruhigen Raum

Die Kinder überlegen sich etwas, vor dem alle oder möglichst viele in der Gruppe Angst haben. Danach sprechen sie mit der Spielleiterin darüber, was das Beängstigende daran ist.
Sie überlegen auch, wie sie Schritt für Schritt besser mit dieser Angst umgehen könnten. Diese Schritte notiert sich die Spielleiterin. Sie achtet auch darauf, daß die Kinder immer den kleinstmöglichen Schritt wählen; nie soll der zweite vor dem ersten gemacht werden. Für jeden Tag der kommenden Zeit nimmt sich die Gruppe nun einen Schritt vor, den sie gemeinsam geht. So reden sie viel über ihre Gefühle und vor allem über ihre Fortschritte.

Ich bin mutig

Spieler/innen: zwei und mehr
Alter: ab 4 Jahren
Zeit: 5 Minuten
Material: ein Fell, Wolle, Zweige, Wasserpistole, Spiegel
Ort: in einem ruhigen Raum

Der Raum wird etwas abgedunkelt. Am Eingang hängen viele Wollfäden von der Decke. Im Raum selbst sind Wege durch hängende Tücher gekennzeichnet. Die Kinder gehen einzeln in den Raum. Die Spielleiterin steht mit einigen Kolleginnen hinter den Tüchern. Das Kind geht barfuß über ein Fell, streicht an der Wolle vorbei... Eine Kollegin berührt es mit dem Zweig, und die andere spritzt ihm ein wenig Wasser ins Gesicht. Zum Schluß geht das Kind auf einen Spiegel zu und sieht sich darin selbst.
Die Spielleiterinnen klatschen nun laut und werfen es dreimal hoch, weil es so mutig war und es auch weiterhin ist.

Das Traumkissen

Spieler/innen: ein Kind und mehr
Alter: ab 4 Jahren
Zeit: 20 Minuten
Material: Stoff, Faden, Nadel, Scheren, eine Nähmaschine, Kamille, Lavendel, Rosenblätter, Brennessel, Kissenflies
Ort: in einem ruhigen Raum

Die Spielleiterin setzt sich mit den Kindern einzeln in eine Ecke und näht mit jedem ein kleines Kissen (20 × 20 cm). Das Kind bestimmt die Farben des Stoffes und die Form. Das Kissen wird nun bis zur Hälfte mit Kissenflies und zur Hälfte mit den oben aufgeführten Kräuter gefüllt und dann von der Spielleiterin zugenäht.
Jetzt hat jedes Kind sein Traumkissen, das es leichter schlafen läßt, weil die Kräuter entspannen. Außerdem ist es dafür da, daß die Kinder es jeden Abend unter ihren Kopf legen und ihm seine Sorgen und Ängste erzählen, die die Kräuter dann im Traum verschwinden lassen.

Blabarber, Blabarber

Spieler/innen: zwei und mehr
Alter: ab 4 Jahren
Zeit: 5 Minuten
Material: keines
Ort: in einem ruhigen Raum

Die Kinder bewegen sich durch den Raum und sagen dabei immer „Blabarber“ vor sich hin, mal laut und mal leise. Nach einiger Zeit versuchen sie, einen gemeinsamen Rhythmus zu finden und gleichmäßig und gemeinsam mal lauter und mal leiser zu werden. Es kann auch Variationen zwischen langsam und schnell geben. Die Kinder versuchen auch, sich dem Wortrhythmus entsprechend zu bewegen.

Hihi Haha

Spieler/innen: zwei und mehr
Alter: ab 4 Jahren
Zeit: 5 Minuten
Material: keines
Ort: in einem ruhigen Raum

Die Kinder verteilen sich im Raum. Die Spielleiterin gibt einen ganz langsamen Rhythmus an, auf den die Kinder „Hi-hi-hi“ und „Ha-ha-ha“ sagen können. Dabei wird auf „Hi“ immer eingeatmet, auf „Ha“ ausgeatmet. Das Atmen soll stoßweise erfolgen, so als müßten die Kinder sich richtig anstrengen, wenn sie die Luft in ihre oder aus ihrer Lunge blasen.

Rückenmassage

Spieler/innen: fünf und mehr
Alter: ab 4 Jahren
Zeit: 15 Minuten
Material: eventuell ruhige Musik
Ort: in einem ruhigen Raum

Alle Kinder stehen in einer Reihe hintereinander. Nun fängt die Spielleiterin an, dem letzten Kind in der Reihe den Rücken zu massieren. Dabei beginnt sie im Schulterbereich, bewegt sich langsam zum Po und endet wieder an den Schultern. Das Kind versucht, alles genau nachzumachen, was es spürt. So pflanzt sich die Massage durch die Reihe bis hin zum ersten Kind fort. Nach der Massage bietet es sich an, gemeinsam in die Kuschelecke zu sitzen und eine Geschichte vorgelesen zu bekommen.

Atemreise

Spieler/innen: ein Kind und mehr
Alter: ab 4 Jahren
Zeit: 10 Minuten
Material: ruhige Musik, für jedes Kind eine Decke
Ort: in einem ruhigen Raum

Jedes Kind liegt bequem mit dem Rücken auf einer Decke, ohne die anderen Kinder zu berühren. Die Spielleiterin setzt sich selbst bequem auf den Boden. Sie fordert die Kinder auf, die Augen zu schließen. Sie spricht leise und sehr langsam und läßt den Kindern Zeit, sich immer wieder auf sich selbst zu konzentrieren.

Sie sagt: „Versucht einmal, genau zu spüren, an welchen Stellen euer Körper die Decke berührt. Liegt ihr schwer oder leicht auf der Decke. (Pause)
Ist es so wirklich bequem, oder müßt ihr eure Stellung noch ein wenig verändern, damit ihr euch ganz wohl fühlt. Das ist wichtig, denn ihr sollt euch jetzt wohl fühlen. Während der ganzen Zeit, sollt ihr immer darauf achten, daß es euch gut geht. Wenn ihr merkst, daß etwas nicht gut tut, laßt es und macht es nicht. (Pause)
Jetzt achtet einmal auf euren Atem. Geht er ruhig, oder geht er ganz wild. Atmet ganz tief ein und haltet kurz die Luft an, bevor ihr sie wieder nach draußen schickt. Wohin geht die Luft, wenn sie in euch kommt? (Pause)
Versucht nun, die Luft tief in euren Bauch zu atmen. Könnt ihr sie im Bauch spüren? Immer wieder soll der Atem in euren Bauch. (Pause)
Jetzt blast den Atem einmal in euren rechten Arm. Spürt ihr ihn bis in die Fingerspitzen? (Pause)
Versucht es jetzt mit dem linken Arm. (Pause)
Könnt ihr die Luft auch in den Kopf atmen, könnt ihr sie dort auch spüren?
Jetzt gehen wir zu den Beinen und Füßen. Könnt ihr die Luft in die Zehen atmen? Geht das in beide gleichzeitig oder nur in einen Fuß nach dem anderen?
Euer ganzer Körper hat jetzt Luft zugeführt bekommen. Gibt es eine Stelle in ihm, in die ihr gerne noch einmal atmen möchtet? Laßt euch Zeit dafür. (Pause)
Nun atmen wir alle gemeinsam in den Bauch. (Pause)
Öffnet langsam eure Augen und schüttelt euern Körper aus, bevor ihr wieder sitzt."
In einem anschließenden Gespräch berichten die Kinder der Spielleiterin, wie sie sich während der Atemreise gefühlt haben. Was ist ihnen leicht, und was ist ihnen schwer gefallen?
Die Spielleiterin erzählt den Kinder, daß sie diese Atemreise auch abends im Bett machen können, ganz alleine, und daß sie davon gut einschlafen werden. Manchmal allerdings muß ein Kind auch eine Weile üben, bevor es klappt.

Ich mach mich groß – ich mach mich klein

Spieler/innen: ein Kind und mehr
Alter: ab 4 Jahren
Zeit: 5 Minuten
Material: keines
Ort: in einem ruhigen Raum

Alle Kinder haben sich so im Raum verteilt, daß sie sich mit ausgestreckten Armen nicht berühren. Nun strecken die Kinder die Arme ganz nach oben und atmen dabei tief ein. Anschließend lassen sie sich in die Knie ganz klein zusammenfallen und atmen dabei aus. Die Spielleiterin gibt einen Rhythmus vor, bei dem die Kinder mitmachen können. Das In-die-Knie-Sinken muß schnell geschehen, denn die Kinder sollen das Gefühl bekommen, mit ihrer Bewegung die Luft aus ihrem Körper zu pressen – wie bei einem Wasserball, der zusammengelegt wird, während die Luft ausströmt. Wenn die Kinder anschließend wieder hochkommen, soll es sein, als würde der Ball auseinandergezogen. Die Luft strömt wieder in ihn hinein, und niemand muß etwas dafür tun, es geschieht ganz von alleine. Diese Übung wird ein paarmal wiederholt. Anschließend strecken die Kinder die Arme beim Einatmen ganz weit zur Seite und machen sich gleichzeitig ganz groß. Beim Ausatmen berühren die Hände den Boden, die Knie bleiben dabei gestreckt. Dazu gehen die Hände nach vorn und die Kinder mit dem Oberkörper nach unten.

Bäumchen schüttel dich!

Spieler/innen: ein Kind und mehr
Alter: ab 4 Jahren
Zeit: 5 Minuten
Material: keines
Ort: in einem ruhigen Raum

Alle Kinder verteilen sich im Raum. Sie stehen so, daß sie sich mit ausgestreckten Armen nicht berühren. Alle, auch die Spielleiterin, schütteln als erstes jedes Glied einzeln kräftig aus. Danach wackeln sie mit dem ganzen Körper. Die Spielleiterin kann dazu eine Geschichte erzählen: „Wir alle sind Apfelbäume und voller reifer, schwerer Äpfel. Die Äpfel sind so schwer, daß wir sie los werden wollen. So schütteln wir die Äpfel zuerst einmal von diesem Ast (rechter Fuß). Jetzt kommt der nächste Ast an die Reihe (linker Fuß, rechter Arm, linker Arm). Ein paar Äpfel sind hartnäckig geblieben, da wollen wir es doch noch einmal, mit einem kräftigen Rütteln probieren (ganzer Körper)."
Jetzt sind die Kinder von der Last befreit und starten einen Freudenschütteltanz.

Still werden

Spieler/innen: ein Kind und mehr
Alter: ab 4 Jahren
Zeit: 5 Minuten
Material: keines
Ort: in einem ruhigen Raum

Die Kinder rennen eine Runde kreuz und quer durch den Garten. Es kann auch ein wildes Spiel gespielt werden. Die Kinder sollen aus der Puste kommen. Sie stellen sich dann im Raum an die Wand und lehnen sich an. Die Spielleiterin fordert sie auf, die Augen zu schließen und erzählt folgendes:
„Sei jetzt ganz leise und hör nur auf deinen Atem und auf meine Fragen, die du still für dich beantworten sollst. Später kannst du uns dann die Antworten erzählen.

Du hast etwas ganz Wildes erlebt und bist nun nach Hause gerannt, um es jemandem zu erzählen. Wem erzählst du es denn? Nun stehst du vor der Haustüre und wartest, weil dein Atem erst ruhig sein soll, bevor du mit dem Erzählen beginnst. Deshalb stellst du dich mit beiden Beinen fest auf den Boden und atmest langsam ein und aus, immer wieder, bis sich dein Atem wirklich beruhigt hat. Dann öffnest du wieder die Augen."

Stille Ecke

Spieler/innen: zwei und mehr
Alter: ab 4 Jahren
Zeit: 15 Minuten
Material: Steine, Stoffe, Matratzen, Kissen, Recorder, klassische Musik, Stofftiere, eine Stoffblume
Ort: in einem ruhigen Raum

Die Kinder haben eine Ecke im Raum zur Verfügung, in der sich immer nur ein Kind aufhalten kann. Diese Ecke ist mit Regalen so abgeteilt, daß die anderen Kinder nicht hineinsehen können. In der Ecke liegen eine Matratze und viele Kissen, und den Kindern stehen verschiedene Materialien zur Verfügung: Steine, um Muster zu legen, ein Recorder mit ruhiger klassischer Musik, Stofftiere zum Kuscheln und so weiter. Vor der stillen Ecke steckt eine Stoffblume. Wenn ein Kind in die Ecke geht, nimmt es die Blume mit, und die anderen wissen so, daß sie besetzt ist. Die Kinder müssen sich gegenseitig diese Ruhe zu lassen. Es wird ihnen am Anfang schwer fallen, nicht immer zu schauen, was das Kind hinter den Regalen wohl macht. Die Spielleiterin achtet den Schutzraum der Kinder. Sie darf ebenso wenig in die besetzte Ecke gehen wie die anderen Kinder auch.
Geplant und eingerichtet wird die stille Ecke gemeinsam. Danach setzen sich die Kinder immer wieder in den Kreis und versuchen, die Freuden und Ärgernisse dieser Ecke miteinander zu besprechen.

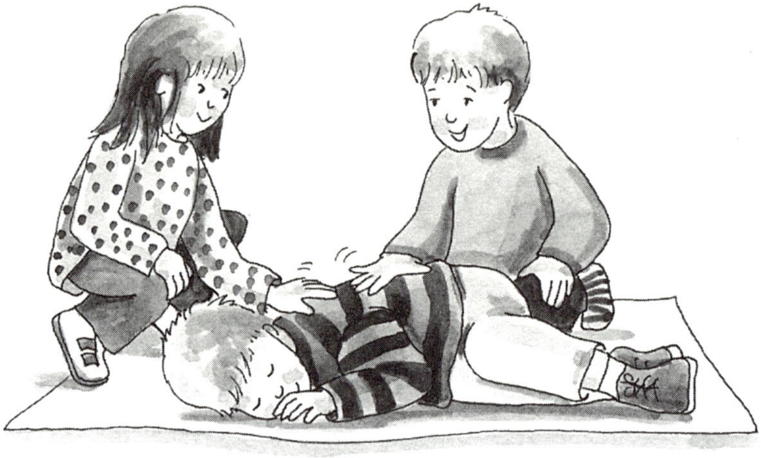

Klopfmassage

Spieler/innen:	drei und mehr
Alter:	ab 4 Jahren
Zeit:	15 Minuten
Material:	für je drei Kinder eine Decke
Ort:	in einem ruhigen Raum

Je drei Kinder stehen zusammen und legen die Decke auf den Boden. Eines der Kinder legt sich mit dem Bauch auf die Decke. Die anderen beiden setzen sich links und rechts daneben. Alle versuchen, nicht zu reden. Zur Unterstützung kann die Spielleiterin eine ruhige und meditative Musik spielen lassen.
Die beiden sitzenden Kinder beginnen nun, das liegende Kind gleichmäßig mit der Hand auf die Schultern zu klopfen. Dabei halten sie Zeige-, Mittel-, und Ringfinger geschlossen. Sie sollten versuchen, auf beiden Seiten synchron zu klopfen, arbeiten sich langsam zum Po vor und gehen dann zu den Schultern zurück. Die Massierten können im Anschluß an ihre Klopfmassage noch eine Weile liegen bleiben. Dann ist Wechsel, und ein anderes Kind legt sich auf die Decke.

Namenflüstern

Spieler/innen: drei und mehr
Alter: ab 4 Jahren
Zeit: 15 Minuten
Material: für jedes Kind eine Decke
Ort: in einem ruhigen Raum

Die Kinder liegen im Raum verstreut und sind ganz still. Ein Kind beginnt und flüstert einen Namen. Das angesprochene Kind wiederholt flüsternder Weise seinen Namen einige Male und nennt dann einen anderen. Wenn alle Kinder einmal angesprochen wurden, überlegen sie sich im Liegen, was ihnen zu ihrem Namen einfällt. Wie gefällt er ihnen? Wer spricht ihn anders aus? Haben sie auch einen Kosenamen? Wann und wo werden sie mit dem richtigen Namen angesprochen?
Die Kinder setzen sich langsam wieder hin und erzählen sich ein wenig von den Gedanken, die sie sich gemacht haben.

Namen auf der Leinwand

Spieler/innen: drei und mehr
Alter: ab 5 Jahren
Zeit: 15 Minuten
Material: für jedes Kind eine Decke, Wachsstifte und Papier
Ort: in einem ruhigen Raum

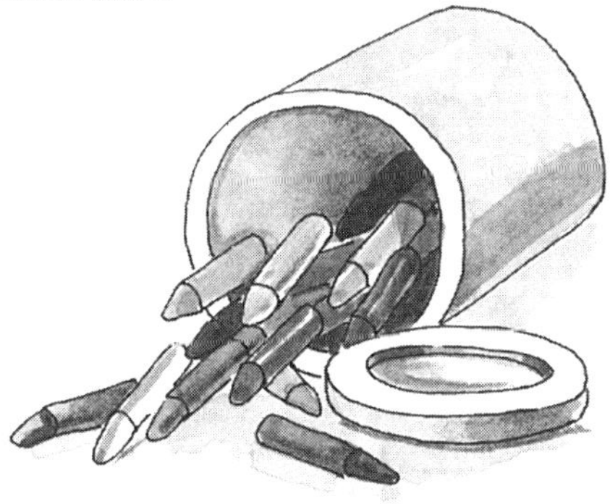

Die Kinder liegen bequem auf der Decke, und es läuft eine meditative, ruhige Musik.
Die Spielleiterin begleitet die Kinder mit folgenden Worten durch die Meditation:

„Du liegst jetzt ganz still und genießt es, die Augen geschlossen zu halten. Spüre in deinem Körper, wie es sich anfühlt, so ruhig zu liegen. (Pause)
Drückt es irgendwo? Dann leg dich etwas anders hin, so daß du bequem liegen kannst. (Pause)
Atme jetzt tief ein – spürst du, wie die Luft in dich strömt? (Pause)
Versuch, den Atem tief in dich hineinzustoßen. Kannst du die Luft ihn deinen Füßen spüren? (Pause)
Stell dir jetzt vor, du gehst ins Kino. Du stehst davor und möchtest hinein. Es ist niemand da, der dich hindern könnte, also machst die Tür auf und gehst hinein. Geh weiter in den Vorführraum und schau dich um. (Pause)
Der Raum ist leer. Kein Mensch ist da. Welche Farbe hat der Raum? Ist er groß? Gibt es Stühle? Welche Farbe hat der Vorhang, der vor der Leinwand hängt? (Pause)
Wo möchtest du sitzen? Such dir einen Platz aus und setz dich dann. Nun beginnt die Vorstellung. Der Vorhang beginnt sich zu bewegen. (Pause)
Er öffnet sich und gibt Stück für Stück die Leinwand frei. Es beginnt sich ein Flimmern auf der Leinwand breit zu machen. Da, jetzt erscheint er, dein Name. (Pause)
In großen Buchstaben steht er auf der Leinwand geschrieben. Wie sehen die Buchstaben aus? Welche Farben haben sie? (Pause)
Hast du ihn gesehen? Dann ist die Vorstellung aus. Der Vorhang geht langsam wieder zu und verdeckt die Leinwand. Du stehst auf und kommst zurück in unseren Raum.
Öffne jetzt langsam deine Augen und schüttle deine Füße im Liegen aus. Auch deine Arme können ein kräftiges Schütteln gut vertragen. Sprich mit niemandem, sondern nimm dir einige Wachsstifte und ein Papier. Setz dich in eine Ecke die dir gefällt und mal dort deinen Namen so, wie du ihn auf der Leinwand im Kino gesehen hast.“

Nachdem die Kinder alle ihren Namen gemalt haben, setzen sie sich in einen Kreis, sprechen über das Erlebte und erzählen sich gegenseitig, wie sie ihren Namen auf der Leinwand fanden.

Musikgemälde

Spieler/innen: drei und mehr
Alter: ab 4 Jahren
Zeit: 15 Minuten
Material: Wachsmalkreiden, Papier, meditative Musik
Ort: in einem ruhigen Raum

Die Kinder haben sich mit Stiften und Papier im Raum verteilt. Die Spielleiterin läßt eine ruhige Musik laufen. Sie beobachtet die Kinder nicht, sondern läßt ihnen ihren ungestörten Raum.
Die Kinder hören sich die Musik an und beginnen, zur Musik mit ihren Stiften zu malen. Dabei bestimmt der Klang die Farbe und der Rhythmus die Formen. Kinder sind sehr offen, und es wird ihnen leicht fallen, die Gefühle, die die Musik in ihnen weckt, mit den Farben auszudrücken.

Den Duft malen

Spieler/innen: drei und mehr
Alter: ab 4 Jahren
Zeit: 15 Minuten
Material: verschiedene Duftöle, Wachsmalkreiden, Papier, Becher, Watte
Ort: in einem ruhigen Raum

Die Kinder verteilen sich mit den Stiften und ihrem Papier im Raum. Die Spielleiterin hat verschiedene Becher mit schönen Düften hergestellt. Dazu träufelt sie einige Tropfen eines Duftöls auf die Watte und legt diese in einen Becher hinein.
Die Kinder schnuppern an den Bechern, suchen sich denjenigen mit ihrem Lieblingsduft aus und nehmen ihn mit an ihren Platz. Dort malen sie die Gefühle und Erinnerungen, die der Duft in ihnen wachruft.

Schnipselgespenst

Spieler/innen: drei und mehr
Alter: ab 4 Jahren
Zeit: 15 Minuten
Material: für je drei Kinder eine Decke
Ort: in einem ruhigen Raum

Auf einem Tisch liegen in der Mitte viele bunte Papierschnipsel. Die Kinder sitzen eng aneinandergedrängt und blasen vorsichtig einzeln und später gemeinsam die Schnipsel durcheinander. Auf ein Zeichen der Spielleiterin hören alle auf und schauen sich an, was auf dem Tisch entstanden ist. Könnte es eine Figur darstellen oder eher ein Gesicht, ein Tier? Die Kinder überlegen eine Weile und nehmen die Schnipsel dann wieder in die Mitte, um von neuem zu blasen.

Im Wind

Spieler/innen: ein Kind und mehr
Alter: ab 4 Jahren
Zeit: 15 Minuten
Material: keines
Ort: im Freien

Die Kinder setzen sich an einen ungeschützten Platz und schließen die Augen. Sie spüren dem Wind nach. Wie fühlt er sich im Gesicht an? Macht er Geräusche? Fühlt er sich im Rücken anders an? Werde ich dabei ruhig oder aufgeregt? Was wäre, wenn ich der Wind wäre? Würde ich pfeifend und zerrend über die Welt fliegen? Alles mitnehmen, was nicht festgemacht ist? Oder wäre ich die kühle Brise, die bei Hitze freudig erwartet wird? Ist es schwer, der Wind zu sein, anstrengend, die Luft zu wirbeln? Oder geht es leicht und einfach, fliege ich wie von selbst durch die Luft?

Ein kleines Stück Erde

Spieler/innen: ein Kind und mehr
Alter: ab 4 Jahren
Zeit: 15 Minuten
Material: keines
Ort: auf der Wiese

Die Kinder legen sich auf den Bauch und suchen sich dafür den Platz, an dem sie gerne liegen möchten. Sie haben nun Zeit, das kleine Stück Wiese vor sich genau zu betrachten. Wie unterschiedlich ist das Grün? Gibt es viele verschiedene Blätterformen? Wie sieht die Erde aus? Gibt es Tiere? Was hat die Ameise für ein Gefühl, wenn sie sich ihre Umgebung betrachtet? Ist es so ähnlich, als stünde man im Wald vor einem großen Baum?
Im Anschluß sprechen die Kinder über das Entdeckte und die Gedanken, die sie dabei hatten.

Treibholz

Spieler/innen: drei und mehr
Alter: ab 4 Jahren
Zeit: 15 Minuten
Material: eventuell Draht, Zange, Wasserfarben, Pinsel
Ort: im Freien

Die Kinder gehen gemeinsam an einen Bach oder an einen See. Dort suchen sie Treibholz und sammeln es. Jeder versucht, für sich Stücke zu finden, aus denen er eine Collage herstellen kann. Die Kinder können dazu Draht und Farben verwenden. Sie haben Zeit, ihre eigene Zusammenstellung in Ruhe zu gestalten. Wenn alle Kinder fertig sind, werden die Kunstobjekte betrachtet, und es wird ein wenig über ihre Entstehung geplaudert.

Kerzenlicht

Spieler/innen: drei und mehr
Alter: ab 4 Jahren
Zeit: 15 Minuten
Material: ein große Kerze, für jedes Kind ein Teelicht
Ort: in einem ruhigen Raum

Die Kinder sitzen in einem dunklen Raum und zünden eins nach dem anderen ihr Teelicht an der großen Kerze in der Zimmermitte an. Sie setzen sich nun an einen Platz ihrer Wahl und beobachten einige Zeit die Flamme in ihrer Kerze. Im Anschluß sprechen die Kinder über die Flamme, ihre Gefühle, die Gefahren und den Vorteil von Kerzenlicht.

Hell und Dunkel

Spieler/innen: ein Kind und mehr
Alter: ab 4 Jahren
Zeit: 15 Minuten
Material: viele große Kerzen
Ort: in einem ruhigen Raum

Die Kinder kommen in einen dunklen Raum. Sie bleiben stehen und warten, bis sie sich einigermaßen an die Dunkelheit gewöhnt haben. Dann gehen sie in die Mitte und setzen sich ganz eng zusammen. Sie versuchen, ganz still zu sein und die Dunkelheit zu spüren. Erst nach einer ganzen Weile beginnt die Spielleiterin, nach und nach die Kerzen, die im Raum verteilt sind, anzuzünden. Sie läßt sich dabei viel Zeit.
Die Kinder erleben das Hellerwerden im Raum und sprechen anschließend über ihre Erfahrungen. Was fällt den Kinder sonst noch zu Licht ein? Was zu Dunkelheit?

Meditationslicht

Spieler/innen: drei und mehr
Alter: ab 4 Jahren
Zeit: 15 Minuten
Material: für jedes Kind ein Teelicht, ein offenes Glas, Pinsel, Glasfarben
Ort: in einem ruhigen Raum

Die Kinder haben ein Glas bekommen. Sie sollen dieses Glas (zum Beispiel kleine Einweckgläser) mit den Farben bunt anmalen. Die Spielleiterin läßt dazu eine ruhige Musik laufen. Sind die Gläser fertig, wird in jedes ein Teelicht gestellt und angezündet. Das Brennen des Teelichts heißt für das Kind, dem es gehört, daß es nun still sein soll. Die Kinder nehmen die Gläser und stellen sie in die Mitte des Kreises. Sie betrachten die Lichter nur und versuchen dabei still zu sein. Später können die Lichter als Schweigeritual vor jeder Meditation angezündet werden.
Wenn die Kinder auf dem Bauch in Sternform um die Lichter liegen, sollten diese auf einem großen weißen Tuch stehen, auf dem sich die unterschiedlichen Farben der Gläser abzeichnen, was einen wundervollen Effekt ergibt.

Drachen gehören in den Käfig

Spieler/innen: vier und mehr
Alter: ab 4 Jahren
Zeit: 10 Minuten
Material: Buntstifte, Papier, Klebstoff
Ort: in einem ruhigen Raum

Jedes Kind erhält ein Papier und Stifte. Darauf malt es etwas, vor dem es richtig Angst hat. Es kann sich dabei um reale oder auch um phantastische Dinge handeln. Anschließend reißt es den Gegenstand aus und behält ihn bei sich. Wenn alle soweit sind, setzen sich die Kinder in einen Kreis. Nun stellen sie sich ihre „Ungeheuer“ oder andere beängstigenden Dinge gegenseitig vor. Danach sucht sich jedes Kind ein Bild heraus, das ihm persönlich keine angst macht. Es nimmt das Bild an sich, klebt es auf ein neues, weißes Papier und zieht sich damit zurück. Es überlegt sich, was dem Kind, von dem es dieses angstmachende Bild bekommen hat, helfen würde, und malt ein Bild, das die Angst vertreibt. So kann zum Beispiel um einen Drachen ein Käfig oder für ein Gespenst ein schönes Schloß gemalt werden, das es nie wieder verlassen will, und dergleichen mehr. Wenn alle Kinder damit fertig sind, setzen sie sich wieder in den Kreis und schenken sich gegenseitig ihr Bildere. Dabei begründen sie, warum sie diese oder jene unschädlich machende Aktion gemalt haben. Die Spielleiterin darf sich nicht wundern wenn Kinder zu harten Methoden greifen und das Gespenst einfach an die Wand nageln.

Weil du so toll bist

Spieler/innen: fünf und mehr
Alter: ab 4 Jahren
Zeit: 20 Minuten
Material: keines
Ort: überall

Sich gegenseitig Anerkennung zu geben und die anderen für das, was sie gut können, zu loben, fällt Kindern oft schwer. Hier soll es nun darum gehen, die anderen mit ihren Fähigkeiten zu sehen und diese auch zu benennen. Dies ist in zweierlei Hinsicht wichtig: Die Kinder, die angesprochen werden, fühlen sich gelobt, geachtet und wertvoll, und die ganze Gruppe nimmt auf einmal die genannten Eigenschaften an ihnen wahr.
Die Kinder sitzen in einem Kreis. Jedes Kind überlegt sich nun eine Situation, die für es schwierig oder angstbeladen ist.
Das erste Kind beschreibt dem Kind, das rechts von ihm sitzt, laut und ganz genau diese Situation, während die anderen Kinder einfach zuhören. Nun überlegt sich das angesprochene Kind, welches Kind aus der Gruppe es in dieser Situation gerne bei sich hätte. Es nennt den Namen des betreffenden Kindes und versucht auch zu beschreiben, warum es gerade dieses Kind wählt. Welche Eigenschaften hat das Kind, die in dieser Situation hilfreich erscheinen? Danach ist das nächste Kind an der Reihe.
Das Schöne an diesem Spiel ist, daß Eigenschaften wie Stillsein genauso eine Bedeutung haben wie Stärke oder Lautsein.

6. Gemeinsam sind wir stark

Spielerisch die Gruppe und ihre Stärken entdecken

Kinder, die lernen, mit ihren Sorgen und Nöten auf andere zuzugehen und mit ihnen gemeinsam Lösungen zu suchen, werden sich als Erwachsene viel weniger schwer tun, sich helfen zu lassen.
Die Kinder sollen in diesem Kapitel bestärkt werden, sich aktiv um ihre eigene Situation zu kümmern und diese selbst in die Hand zu nehmen. Die Gemeinschaft gibt dabei Rückhalt: Viele Helfer haben viele Ideen. Kinder sind nicht schutzlos ausgeliefert, sondern sie können etwas tun!

Böser Zauberer

Spieler/innen: zwei und mehr
Alter: ab 4 Jahren
Zeit: 15 Minuten
Material: keines
Ort: in einem ruhigen Raum

Ein Kind ist der böse Zauberer, die anderen Kinder laufen vor ihm weg. Der böse Zauberer versucht, alle Kinder zu fangen. Die von ihm Abgeschlagenen werden durch seine magische Macht sofort in einen Stein verzaubert und können sich nicht mehr rühren. Das heißt, Kinder, die verzaubert sind, dürfen sich nicht mehr von der Stelle wegbewegen, an der sie gefangen genommen wurden. Wenn alle Kinder verzaubert sind, darf das Kind, das als letztes gefangen wurde, der neue Zauberer sein.
Variation: Das Spiel wird schwieriger für den Zauberer, wenn freie Kinder die verzauberten wieder erlösen können, indem sie ihnen durch die Beine krabbeln. Wenn der Zauberer es nun nicht mehr schafft, die Kinder zu fangen, kann er einen Zauberlehrling berufen, der ihm helfen muß.

Blinde Schlange

Spieler/innen: vier und mehr
Alter: ab 4 Jahren
Zeit: 10 Minuten
Material: keines
Ort: in einem ruhigen Raum

Die Kinder stehen hintereinander und halten sich mit den Händen am Kind vor sich fest. Alle bis auf das erste Kind halten die Augen geschlossen. Dieses führt nun die anderen vorsichtig und sehr behutsam eine bestimmte Strecke entlang. Dabei kann es auch über Stühle gehen und unter Tischen hindurchkrabbeln.

Gemeinsam ist es toll

Spieler/innen: sechs und mehr
Alter: ab 4 Jahren
Zeit: 10 Minuten
Material: flotte Musik
Ort: in einem ruhigen Raum

Die Kinder bewegen sich zur Musik durch den Raum. Stoppt die Spielleiterin die Musik , bleiben die Kinder stehen und warten auf eine Anweisung. Diese sollte so gestaltet sein, daß die Kinder sich absprechen und gegenseitig helfen müssen, um die Aufgabe zu erfüllen. Ist sie erfüllt, wird die Musik wieder eingeschaltet, und die Kinder bewegen sich erneut bis zum nächsten Abbruch der Musik. Aufgaben für dieses Spiel sind zum Beispiel:

- Stellt euch zu sechst zusammen und tragt den leichtesten von euch durch den Raum!
- Stellt euch zu dritt zusammen und geht auf nur drei Füßen einmal diese Strecke ab!
- Die Bauklötze in diesem Korb müssen in die Kiste am anderen Ende des Zimmer. Ihr dürft alle nur einen Bauklotz auf einmal in der Hand tragen, und wer einen Bauklotz hat, darf sich nicht von der Stelle rühren.
- In Fünfergruppen habt ihr jetzt ein paar Minuten Zeit, aus dem Material hier im Zimmer einen Turm zu bauen, der so hoch wie möglich werden soll.
- Setzt euch jetzt bequem zu dritt zusammen und überlegt euch, was ihr tun würdet, wenn ihr auf dem Rummel eure Familie verloren hättet.
- Beratet nun zu viert, was ihr tun würdet, wenn ihr beim Ballspielen die Scheibe eures Nachbarn zerbrochen hättet und niemand euch dabei gesehen hätte.

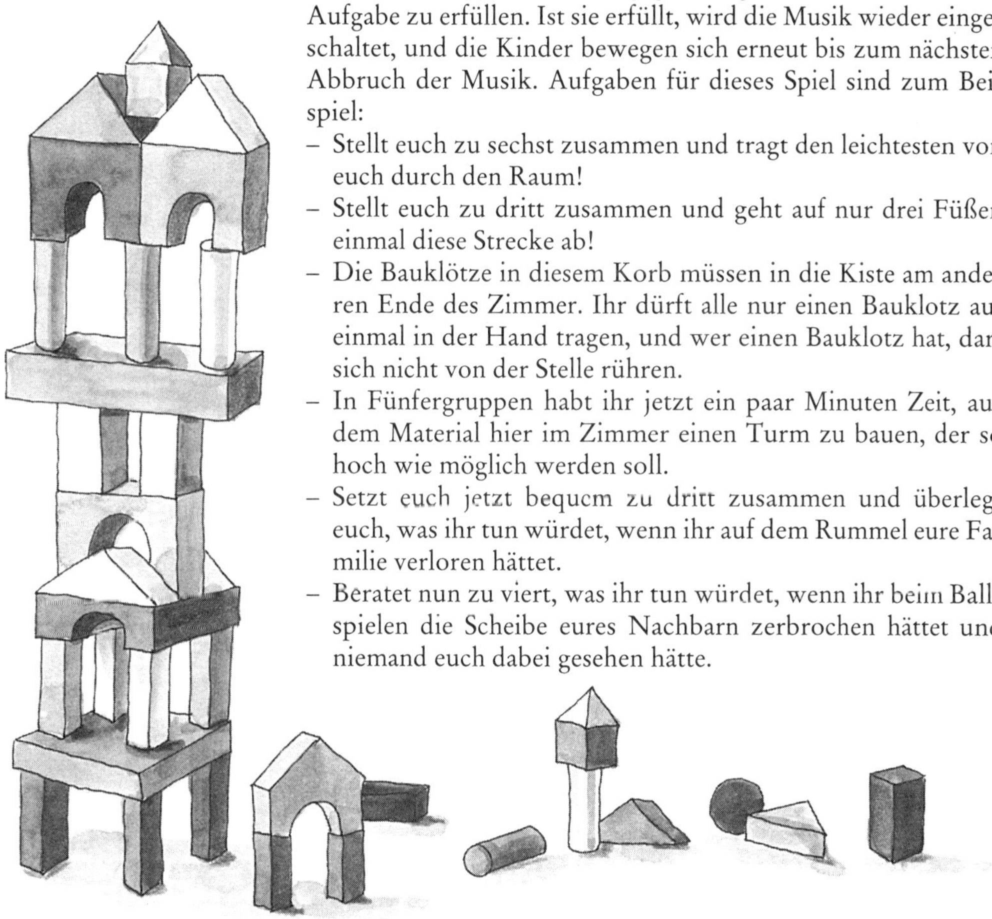

Armer Krebs

Spieler/innen: sechs und mehr
Alter: ab 4 Jahren
Zeit: 5 Minuten
Material: keines
Ort: in einem ruhigen Raum

Es gibt ein Kind, das fängt und der restlichen Gruppe gegenübersteht. Die Gruppe bestimmt heimlich einen armen Krebs, den sie gemeinsam im Spiel zu schützen versucht. Alle Teilnehmer bewegen sich im Krebsgang: auf allen Vieren seitwärts! Der Fänger versucht nun, möglichst viele Personen abzuschlagen. Wer geschnappt wird, muß sofort an Ort und Stelle sitzen bleiben. Sollte der arme Krebs gefangen werden, hat die Gruppe verloren. Bleibt jedoch der arme Krebs als letztes übrig, muß der Fänger sein Glück nochmals versuchen.

Grabschen

Spieler/innen: acht und mehr
Alter: ab 4 Jahren
Zeit: 5 Minuten
Material: ein Apfel oder Ball, eine Münze
Ort: in einem ruhigen Raum

Die Kinder setzen sich in zwei Reihen nebeneinander. Innerhalb einer jeder Reihe geben sie sich hinter dem Rücken die Hände. Am Anfang und am Ende jeder Reihe steht je ein Stuhl. Auf dem einen Stuhl liegt ein 5-Mark-Stück. Dies ist der Anfang der Reihe. Auf dem anderen Stuhl liegt ein Apfel oder Ball, der das Ende der Reihe markiert. Alle bis auf die ersten beiden Kinder schließen die Augen. Die Spielleiterin beginnt, das Geldstück, das nur von dem jeweils ersten Kind der beiden Reihen gesehen werden kann, wie einen Kreisel auf dem Stuhl zu drehen. Fällt es hin und liegt Kopf oben, passiert gar nichts. Ist jedoch die Zahl sichtbar, geben sich die Kinder durch Drücken der Hände hinter ihrem Rücken ein Zeichen. Ist der Händedruck beim letzten Kind angekommen, greift dieses schnell nach dem Apfel. Das Kind, das den Apfel als erstes in der Hand hält, darf ganz an den Anfang der Reihe rutschen. Die anderen Kinder setzen sich damit alle einen Stuhl weiter nach hinten. Das Geldstück wird nun von neuem von der Spielleiterin gedreht. Greift ein Kind nach dem Apfel, obwohl nicht Zahl gefallen war, muß die ganze Gruppe einen Stuhl zurückrutschen, und das momentan erste Kind in der Reihe setzt sich wieder nach hinten. Die Reihe, in der das Startkind als erstes wieder am Anfang sitzt, hat gewonnen.

Kreisläufer

Spieler/innen: sechs und mehr
Alter: ab 4 Jahren
Zeit: 5 Minuten
Material: verschiedene Gegenstände
Ort: in einem ruhigen Raum

Die Kinder sitzen in einem Kreis. Die Spielleiterin gibt verschiedene Gegenstände auf unterschiedliche Weise weiter, zum Beispiel den Ball mit den Füßen, die Streichholzschachtel mit der Nase, ohne die Hände dabei zu benützen, einen Tischtennisball auf einer Fingerkuppe, den Wattebausch blasend auf dem Boden, einen Luftballon zwischen die Ellenbogen geklemmt. Die Kinder reden im Anschluß über ihre Erfahrungen, miteinander kooperieren zu müssen. Macht es Spaß? Ist es anstrengend, so auf die anderen einzugehen?

Wie ist Fliegen auf einer Decke?

Spieler/innen:	sieben und mehr
Alter:	ab 4 Jahren
Zeit:	10 Minuten
Material:	eine dicke Decke
Ort:	in einem ruhigen Raum

Die Kinder legen die Decke auf den Boden. Ein Kind legt sich darauf, und die anderen packen nun fest zu. Die Spielleiterin begleitet die einzelnen Schritte mit Worten. Ganz langsam beginnen die Kinder, die Decke hochzuheben. Sie gehen ein Stück durch den Raum und schaukeln das Kind mit der Decke ein wenig hin und her. Ganz langsam und sehr sanft wird das Kind nun wieder auf den Boden gelegt, damit das nächste Kind sich auf die Decke legen kann.

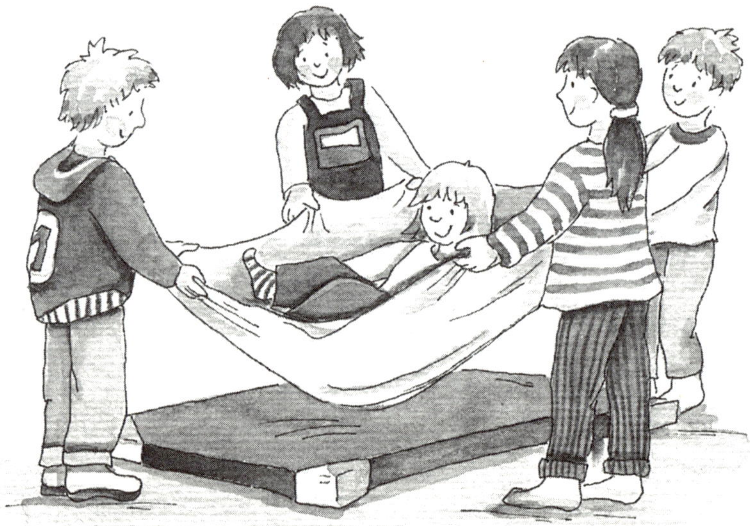

Vertrauenskreis

Spieler/innen: acht und mehr
Alter: ab 4 Jahren
Zeit: 15 Minuten
Material: keines
Ort: in einem ruhigen Raum

Alle stehen in einem sehr engen Kreis, außer einem Kind, das in der Mitte steht und die Augen schließt. Es versucht, sich ganz steif zu machen, und klemmt dabei den Po fest zusammen. Die anderen Kinder im Kreis strecken die Arme waagerecht nach vorne. Das Kind läßt sich in diese Hände fallen. Vorsichtig schaukeln die anderen es im Kreis hin und her. Nach einer Weile ist Wechsel.
Die Kinder sprechen im Anschluß über ihre Gefühle, die sie hatten, als sie im Kreis standen und als sie sich fallen ließen.

Zusammenwachsen

Spieler/innen: sechs und mehr
Alter: ab 4 Jahren
Zeit: 10 Minuten
Material: Zeitungen, für jedes Kind eine leere Konservendose, ein Tennisball
Ort: in einem großen Raum oder im Freien

Die Kinder verteilen sich im Abstand von ca. 2 Metern. Für jedes Kind liegt ein aufgefaltetes Zeitungsblatt bereit, auf das es sich stellt. Jedes Kind hat zudem neben sich eine weitere Zeitung liegen und hält die Dose in der Hand. Ein Kind beginnt und wirft einem beliebigen anderen den Tennisball zu. Dieses versucht, den Ball mit der Dose aufzufangen. Gelingt das, darf es ein neues Zeitungsblatt nehmen und an die eigene anlegen. Dann wirft es einem anderen Kind den Ball zu. Ziel ist es, daß alle Kinder mit den Zeitungen so verbunden werden, daß sie zueinander laufen können, ohne die Zeitung dabei verlassen zu müssen.

Rundseil Wanderung

Spieler/innen: zehn und mehr
Alter: ab 5 Jahren
Zeit: 20 Minuten
Material: ein Rundseil
Ort: in einem ruhigen Raum

Die Kinder halten das Rundseil in Hüfthöhe fest. Die Spielleiterin achtet darauf, daß kein Kind während des Spieles losläßt. Ein Kind stellt sich nun auf das Rundseil und läuft im Kreis. Es wird von den anderen getragen und bedankt sich deshalb im Anschluß bei ihnen, die seinen Mut und sein Vertrauen mit einem festen Applaus belohnen. Nun ist das nächste Kind an der Reihe. Die Spielleiterin kann im Kreis gehen und dem Kind auf dem Seil eine Hand reichen.
Bei einer anderen Gelegenheit können die Kinder das Rundseil in Schulterhöhe halten.

Sternenwunschwand

Spieler/innen: ein Kind und mehr
Alter: ab 4 Jahren
Zeit: 5 Minuten
Material: ein großer blauer Hintergrund auf Styropor, gelbe Doppelsterne aus Pappe (wie Klappkarten), kleine Zettel, Stifte, Stecknadeln, Klebestreifen
Ort: in einem ruhigen Raum

Die Kinder bereiten alles vor: Das Styropor kann zum Beispiel mit einem blauen Filz oder Stoff überzogen werden. Jedes Kind hat eine Klappkarte. Es zeichnet auf das Papier den größten Wunsch, den es im Moment hat. Dieser Wunsch sollte kein Gegenstand sein, sondern etwas Zwischenmenschliches beinhalten. Die Spielleiterin kann die Wünsche auch für die einzelnen Kinder aufschreiben. Anschließend wird das Papier zusammengefaltet und in den Klappstern gelegt. Mit Klebeband hält der Stern und bewahrt das Geheimnis sicher auf. Alle Sterne werden auf die blaue Fläche mit den Nadeln gepinnt. Nach einigen Monaten nehmen die Kinder ihre Sterne herunter und überprüfen, ob sich ihr Wunsch inzwischen erfüllt hat.

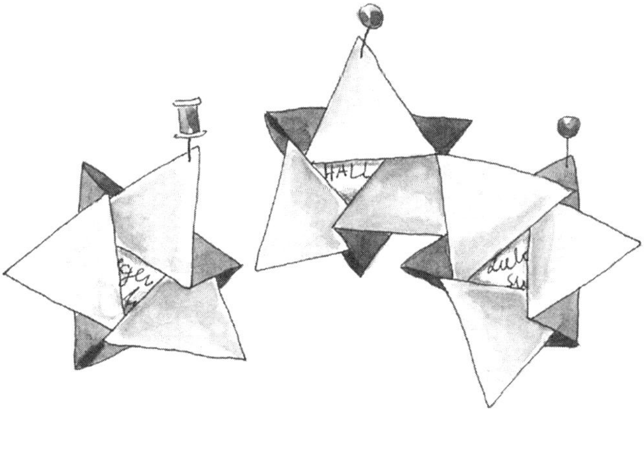

Sortieren aus der Höhe

Spieler/innen: zwei und mehr
Alter: ab 4 Jahren
Zeit: 5 Minuten
Material: Stühle, Bauklötze
Ort: in einem ruhigen Raum

Die Spielleiterin verteilt auf dem Boden viele Bauklötze. Die Kinder haben nun die Aufgabe, alle zurück in die Kiste zu legen, ohne dabei den Boden zu berühren. Lediglich von den Stühlen aus dürfen sie nach unten greifen und einen Klotz nach dem anderen holen. Ein Kind darf immer nur ein Stück transportieren. Wenn die Kinder nicht an einen Klotz kommen, müssen sie die Stühle gemeinsam so verrücken, daß es möglich wird.
Wenn sie alle Bauklötze in der Kiste haben, bekommen sie von der Spielleiterin einen großen Applaus.

Vier Kinder auf drei Stühlen

Spieler/innen: vier und mehr
Alter: ab 4 Jahren
Zeit: 5 Minuten
Material: 3 Stühle
Ort: in einem ruhigen Raum

Die vier Kinder stehen zusammen auf drei Stühlen am einen Ende des Raumes. Sie sollen gemeinsam zur gegenüberliegenden Wand kommen, dürfen aber den Boden nicht berühren. Das bedeutet, daß sie auf den Stühlen bleiben müssen. Möglich ist das, indem die Kinder sich auf die beiden vorderen Stühle stellen, den nunmehr freien hinteren dann nach vorne stellen, wieder auf die vorderen klettern und den hinteren freimachen usw.

Schubkarre fahren

Spieler/innen: drei und mehr
Alter: ab 5 Jahren
Zeit: 5 Minuten
Material: keines
Ort: in einem ruhigen Raum

Die Kinder stellen sich zu dritt zusammen. Ein Kind geht in den Vierfüßlerstand, und die anderen beiden Kinder nehmen jeweils eins seiner Beine in die Hand, so daß es sich nur noch mit den Händen aufstützt. Gemeinsam versuchen die Kinder nun, eine möglichst große Strecke zu überwinden. Dem Kind, das auf Händen gehen muß, wird immer wieder Mut gemacht, noch ein kleines Stück zu gehen. Anschließend ist Wechsel, so daß jedes Kind einmal der „Schubkarren" ist.

Dornzwergchen

Spieler/innen: zehn und mehr
Alter: ab 4 Jahren
Zeit: 5 Minuten
Material: ein Softball
Ort: in einem ruhigen Raum

Ein Kind stellt sich in die Mitte des Raumes. Fünf Kinder bilden um dieses Kind einen großen Kreis, und die restlichen wiederum verteilen sich gleichmäßig um den Kreis. Die äußeren Kinder sind die Prinzen, die die im Kreis eingeschlossene Prinzessin retten wollen. Die Prinzessin wird von dem Kind in der Mitte dargestellt. Sie ist befreit, wenn sie den Ball in den Händen hält. Die Prinzen versuchen also, ihr den Ball zuzuwerfen oder zuzurollen. In der Mitte stehen jedoch die Wächter, denen es immer wieder gelingt, den Ball abzuwehren. Erwischt die Prinzessin den Ball, tauschen alle Kinder die Rollen.

Gruppennetz

Spieler/innen: sechs und mehr
Alter: ab 4 Jahren
Zeit: 5 Minuten
Material: ein Wollknäuel
Ort: in einem ruhigen Raum

Die Kinder sitzen im Kreis. Ein Kind beginnt, einem anderen Kind das Wollknäuel zuzuwerfen. Zuvor wickelt es den Anfang der Wolle einmal um sein Stuhlbein und sagt dem Kind, dem es die Wolle zuwerfen will, etwas, das ihm an ihm nicht gefällt oder was es sich anders wünschen würde. So entsteht zwischen den Kindern nach und nach ein Netz, das deutlich macht, daß alle in dieser Gruppe miteinander verbunden sind. Ist das Knäuel zu Ende, oder fällt den Kinder nichts mehr ein, wird die Wolle wieder aufgewickelt. Dazu werfen die Kinder die Wolle in umgekehrter Reihenfolge zurück, so daß sich das Netz langsam wieder auflöst. Die Kinder sagen nun dem Kind, das die Wolle erhält, was sie an ihm ganz toll finden und warum sie es mögen. Wenn die Wolle wieder aufgewickelt ist, umarmen sich die Kinder und bedanken sich für die Offenheit.

Mein Wunschtag

Spieler/innen: zwei und mehr
Alter: ab 4 Jahren
Zeit: 5 Minuten
Material: keines
Ort: in einem ruhigen Raum

In dieser und in den kommenden Wochen darf sich jeden Tag ein anderes Kind etwas wünschen. Es kann ein Wunsch sein, den ein bestimmtes Kind erfüllen soll oder für dessen Erfüllung die ganze Gruppe etwas tun muß. Die Kinder dürfen sich aber nichts wünschen, was gekauft werden muß. Wenn der Wunsch erfüllt wurde, redet die Gruppe kurz darüber. Zum Schluß bedankt sich das Kind bei den anderen für die Erfüllung des Wunsches.

Unerfüllbar?

Spieler/innen: drei und mehr
Alter: ab 4 Jahren
Zeit: 5 Minuten
Material: keines
Ort: in einem ruhigen Raum

Die Kinder unterhalten sich in der Gruppe über ihre Wünsche und versuchen herauszufinden, ob und wie sie zu erfüllen sind. Dabei lassen die Kinder sich gegenseitig ausreden und nehmen die unterschiedlichen Wünsche ernst.
Am Ende des Tages werden die Kinder aufgefordert, ihre Eltern nach deren Wünschen zu fragen. Am nächsten Tag erzählen sich die Kinder dann gegenseitig von den Wünschen ihrer Eltern. Sind diese ähnlich wie die der Kinder am Vortag? Können sie auch erfüllt werden? Mit Geld oder mit was?

Walnußkette

Spieler/innen: vier und mehr
Alter: ab 4 Jahren
Zeit: 5 Minuten
Material: Walnußhälften, Zettel, Stifte
Ort: in einem ruhigen Raum

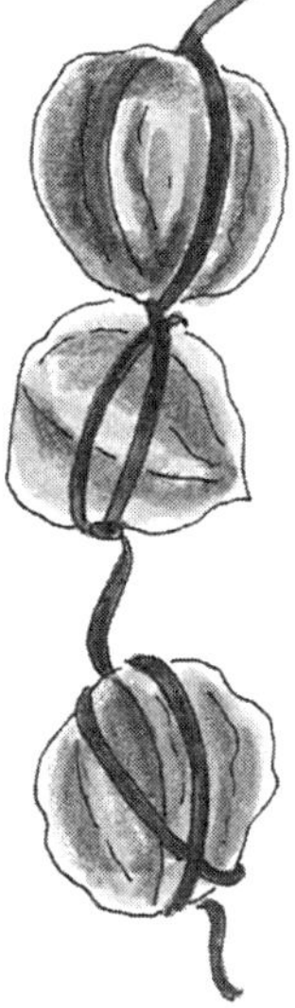

Die Spielleiterin sammelt doppelt soviele Walnüsse, wie es Kinder in der Gruppe gibt. Die Walnüsse müssen sauber in Hälften geteilt sein, damit sie wieder zu einer Nuß zusammengeklebt werden können. Nun bekommt jedes Kind zwei kleine Zettel, auf die es mit Hilfe der Spielleiterin schreibt, was die Gruppe gemeinsam machen soll. Diese Zettel werden in die Walnüsse geklebt, diese dann gemischt und an einer langen Schnur aufgehängt. Die Gruppe kann die nächste Zeit immer wieder eine Nuß knacken und die gemeinsam erdachte Aktion erfüllen. So bestimmt jedes Kind zweimal, was die Gruppe macht, und kann sich so einen eigenen Wunsch erfüllen.

Ich schenke mir etwas

Spieler/innen: drei und mehr
Alter: ab 4 Jahren
Zeit: 5 Minuten
Material: eine Decke
Ort: in einem ruhigen Raum

Immer drei Kinder verteilen sich um eine Decke, von denen sich eins auf die Decke legt. Es erzählt, ob es ihm gerade gut geht oder ob ihm irgend etwas fehlt, um sich richtig wohl zu fühlen. Daraufhin überlegen sich die anderen beiden Kinder, was sie denn machen könnten: Das kann eine Massage sein, ein Lied, das sie singen, ein Witz, der das Kind zum Lachen bringt und so weiter. Wichtig dabei ist, daß die Spielleiterin allen deutlich macht, daß sich das liegende Kind dabei wohl fühlen soll.

Argumente

Spieler/innen: sechs und mehr
Alter: ab 5 Jahren
Zeit: 5 Minuten
Material: keines
Ort: in einem ruhigen Raum

Immer drei Kinder setzen sich zusammen. Sie überlegen sich gemeinsam verschiedene Dinge, die die Großgruppe für sie oder mit ihnen machen soll. Anschließend einigen sie sich auf einen dieser Wünsche und beginnen, Argumente dafür zu sammeln. Diese Argumente sollen die Großgruppe davon überzeugen, daß sie diesen Wunsch unbedingt erfüllen muß. Die Spielleiterin bietet dabei ihre Hilfe an. Haben alle Kleingruppen ihre stichhaltigen Argumente gesammelt, tragen sie diese anschließend der Restgruppe vor. Diese nimmt dazu Stellung, indem sie erklärt, ob und warum sie von dieser Argumentation überzeugt wurde und ob sie bereit ist, den Wunsch zu erfüllen. Der Wunsch wird dann entweder sofort erfüllt, oder es wird gemeinsam ein späterer Zeitpunkt bestimmt. Wurde ein Wunsch sogleich erfüllt, bedankt sich die Kleingruppe bei den anderen Kindern. Danach ist die nächste Gruppe an der Reihe, ihren Wunsch zu äußern.

Collage vom Schlaraffenland

Spieler/innen: zwei und mehr
Alter: ab 4 Jahren
Zeit: 5 Minuten
Material: Klebstoff, Zeitungen, Scheren, ein großes Plakat
Ort: in einem ruhigen Raum

Die Kinder sollen gemeinsam eine Collage entwerfen, wie für sie das Schlaraffenland aussehen würde. Dazu suchen sie sich aus den Zeitungen entsprechende Bilder und schneiden sie aus. Die Bilder werden gesammelt und nach einiger Zeit zusammengesetzt. Die Kinder stellen sich dazu ihre Bilder gegenseitig vor und erklären, warum gerade dieses in das Schlaraffenland gehört. Sind alle Kinder damit einverstanden, wird das entsprechende Bild sofort auf das weiße Plakat geklebt. Sind die Kinder fertig, wird die Collage aufgehängt, und die Kinder sprechen nochmals darüber.

Gemeinsam sind wir stark

Spieler/innen: vier und mehr
Alter: ab 4 Jahren
Zeit: 5 Minuten
Material: keines
Ort: in einem ruhigen Raum

Die Kinder setzen sich zusammen und überlegen, was sie gerne einmal machen würden, aber alleine nicht können. Sie versuchen nun herauszufinden, wie sie sich gegenseitig unterstützen könnten, damit es doch noch klappt. Dabei verteilen sie gleich die notwendigen Rollen, d. h., es wird vereinbart, wer was dabei tun würde. Zum Beispiel wünscht sich ein Kind, einmal auf einem

Pferd zu sitzen. Zugleich hat es aber große Angst davor. Die Kinder überlegen, wer jemanden kennt, der ein Pferd hat und erlauben würde, daß die Kinder einen Mittag darauf ritten. Weiß ein Kind jemanden, übernimmt es die Aufgabe, ihn zu fragen. Die Kinder, die keine Angst vor Pferden haben, übernehmen es, das Pferd zu halten. Nun fehlen noch zwei Kinder, die beim Aufsteigen helfen. Ist alles geklärt, wird der nächste Wunsch besprochen. In den folgenden Wochen versuchen die Kinder, möglichst viele der Wünsche zu realisieren.

Pyramide des Könnens

Spieler/innen: sechs und mehr
Alter: ab 4 Jahren
Zeit: 5 Minuten
Material: Papier, Stifte
Ort: in einem ruhigen Raum

Die Kinder sitzen zusammen und denken darüber nach, was sie schon können. Wenn sie etwas gefunden haben, wie zum Beispiel Schuhe binden, überlegen sie sich, wie sie es auf einem Papier darstellen könnten. Ein Kind malt das erdachte Symbol auf. Das Papier wird an eine Wand gehängt, und die Kinder überlegen sich etwas anderes, was sie können. Mit der Zeit wird eine große Pyramide entstehen, und die Kinder werden staunen, wieviel sie bereits können. Dabei müssen nicht alle Kinder das Genannte beherrschen, sondern es reicht, wenn ein Kind aus der Gruppe es kann.

Zauberbowle

Spieler/innen: vier und mehr
Alter: ab 4 Jahren
Zeit: 5 Minuten
Material: verschiedene Säfte in kleinen Flaschen abgefüllt, frische Minzeblätter, Früchtetee, frische Blätter der Zitronenmelisse, eine große Bowleschüssel
Ort: in einem ruhigen Raum

Die Spielleiterin verteilt die Flaschen und die Blätter an die Kinder. Der Tee ist bereits in die Schüssel gefüllt. Nun überlegt sich jedes Kinder einen Zauberspruch, der ihm Mut und Vertrauen geben soll. Wenn alle Kinder einen Spruch gefunden haben, stellen sie sich um die Bowleschüssel herum. Sie schütten den Inhalt ihrer Flasche in die Schüssel und sagen dabei laut ihren Spruch auf. Die anderen Kinder wiederholen ihn. Sind alle Kinder an der Reihe gewesen, wird die Zauberbowle getrunken, und die Spielleiterin beginnt damit, die phantastische Wirkung zu preisen.

Wenn Hände sich wiederfinden

Spieler/innen: zwei und mehr
Alter: ab 4 Jahren
Zeit: 4 Minuten
Material: keines
Ort: in einem ruhigen Raum

Die Kinder stehen sich zu zweit gegenüber und halten sich an den Händen fest. Sie schließen die Augen und spüren einige Zeit den anderen Händen nach. Dann lösen sie sich, ohne die Augen zu öffnen. Die Kinder drehen sich langsam einmal um die eigene Achse und versuchen, die Hände wiederzufinden. Dabei darf nicht gesprochen werden. Haben die Kinder die Hände gleich erwischt? Wenn nicht, ist es gut, dieses Spiel einige Male hintereinander mit demselben Kind zu machen. Erst dann können sich neue Paare bilden und einen neuen Versuch starten.

Helfen soll mir …

Spieler/innen: zwei und mehr
Alter: ab 4 Jahren
Zeit: 10 Minuten
Material: keines
Ort: in einem ruhigen Raum

Die Kinder sitzen zusammen und besprechen das Programm für die nächste Zeit. Jedes Kind sucht sich dabei eine Aufgabe heraus, von der es glaubt, sie nicht alleine bewältigen zu können. In einem Gruppengespräch wünschen sich die Kinder ein anderes Kind, das ihnen helfen kann. Die Kinder begründen, warum sie gerade dieses Kind gewählt haben. Die Kinder achten gemeinsam darauf, daß jedes Kind einmal helfen kann. Wenn zwei Kinder sich denselben Helfer wünschen, müssen die Kinder verhandeln und sich überlegen, wen sie sich noch vorstellen können. Es darf auf keinen Fall so sein, daß die Kinder ihren Helfer bekommen, weil sie als erstes nach ihm gerufen haben. Eine weitere Bedingung ist, daß die Kinder nicht mit demselben Kind beide Aufgaben lösen können. Das heißt, wenn Florian Nora hilft, kann Nora nicht umgekehrt ihm helfen, sondern Florian muß sich jemand anderen suchen.
Sind alle Aufgaben erledigt, sprechen die Kinder miteinander über ihre Erfahrungen.

Legespiel für helfende Situationen

Spieler/innen: zwei und mehr
Alter: ab 4 Jahren
Zeit: 20 Minuten
Material: Karton, Stifte, Kinderfachzeitschriften, Schere, Klebstoff
Ort: in einem ruhigen Raum

Die Kinder schneiden den Karton in mindestens 30 Kärtchen (5 cm × 10 cm groß). Der Länge nach wird in die Mitte ein Strich gezeichnet.
Nun suchen die Kinder Situationen aus den Zeitschriften, in denen besonders Kinder Hilfe brauchen. Sie schneiden die gefundenen Bilder aus und kleben sie auf jeweils eine Hälfte des Kartons. Danach suchen sie Bilder, in denen Kindern geholfen wird. Sie sortieren sie zu den verschiedenen Bildern, kleben sie aber auf andere Kartons. Das heißt, wenn die Kinder eine Situation herausgesucht haben, in der ein kleiner Junge weint, finden sie anschließend vielleicht ein Bild, auf dem ein Kind auf dem Schoß eines Erwachsenen sitzt und gestreichelt wird. Dieses Bild kleben sie auf ein anderes Kärtchen als das, auf das das weinende Kind geklebt wird. Finden Kinder nicht genügend Hilfsbilder, können sie auch Situationen aufmalen oder sich von den Erwachsenen dabei helfen lassen.
Haben alle Kärtchen zwei Bilder, kann das Spiel beginnen. Die Kärtchen werden unter den Kindern gleichmäßig aufgeteilt. Dazu legen die Kinder die Kärtchen verdeckt auf den Tisch, und jedes Kind darf sich nach und nach ein Kärtchen nehmen, bis alle weg sind.
Nun beginnt das Kind mit den kleinsten Fingern. Es legt eine Karte auf den Tisch. Das Kind links vom Ausspielenden muß nun auf eine der beiden Seiten ein passendes Kärtchen legen. Es kann zu der Situation des weinenden Kindes ein Kärtchen legen, das zeigt, wie jemand ein Taschentuch reicht oder eine lustige Geschichte erzählt, oder auch die ursprünglich dafür ausgewählte Karte, den tröstenden Erwachsenen.
Das Kind kann aber auch an der anderen Seite der Karte anlegen. Hier klebt z. B. das Bild einer helfenden Situation. Das Kind sucht also ein Bild unter seinen Kärtchen, das für diese Situation als Hilfe geeignet wäre.
Jedes Kind darf immer nur eine Karte anlegen. Wer nicht anlegen kann, weil keines der eigenen Bilder auf den Kärtchen paßt, muß aussetzen. Das Kind ist Sieger, das als erstes alle Kärtchen anlegen konnte.

Bildergeschichten

Spieler/innen: zwei und mehr
Alter: ab 4 Jahren
Zeit: 10 Minuten
Material: Klebstoff, Papier, Zeitschriften
Ort: in einem ruhigen Raum

Die Kinder setzen sich in Kleingruppen zusammen und überlegen sich eine Geschichte, in der jemandem geholfen wird. Sie versuchen, sich gemeinsam zu einigen, wie die Geschichte gehen soll. Dazu muß jeder einmal nachgeben. Nun nehmen die Kinder die Zeitschriften und suchen zu ihrer Geschichte passende Bilder heraus. Vielleicht müssen die Kinder die Geschichte nach den Bildern noch etwas umgestalten, oder aber sie malen sich fehlende Bilder einfach selber mit Strichmännchen auf.
Sind die Geschichten fertig, werden sie den anderen Gruppen gezeigt und erzählt. Anschließend werden die Geschichten im Gruppenraum aufgehängt.

Blindes Kind

Spieler/innen:	zwei und mehr
Alter:	ab 4 Jahren
Zeit:	10 Minuten
Material:	alte, große Kleider, eine Augenbinde pro Paar
Ort:	in einem ruhigen Raum

Die Kinder stellen sich zu zweit zusammen. Ein Kind verbindet sich die Augen, und das andere Kind steht ganz ruhig neben ihm. Es darf sich nicht von selbst bewegen. Das blinde Kind versucht nun, die neben ihm liegenden Kleider dem sehenden Kind anzuziehen. Die anderen Paare können sich parallel gegenseitig anziehen oder auch zuschauen, weil es sehr lustig aussieht.
Wenn die Kinder wollen, können sie sich auch zu dritt zusammenstellen. Dann übernimmt das dritte Kind die Regie. Es sagt dem blinden Kind, wo die Kleider liegen und was es tun muß, damit das Anziehen besser funktioniert.

Po klopfen

Spieler/innen: zwei und mehr
Alter: ab 4 Jahren
Zeit: 10 Minuten
Material: keines
Ort: in einem ruhigen Raum

Immer zwei Kinder halten sich an einer Hand fest. Sie dürfen diese Hand unter keinen Umständen loslassen. Nun versuchen sie, ihrem Partner mit der freien Hand auf den Po zu klopfen. Die Kinder können sich dabei richtig austoben, ohne sich gegenseitig wehzutun. Nach einiger Zeit wechseln sie die Hand.

Kistenrennen

Spieler/innen: zwei und mehr
Alter: ab 4 Jahren
Zeit: 10 Minuten
Material: für drei Kinder ein Waschmittelkarton, feste Schnur
Ort: in einem Raum ohne Teppich bzw. Auslegware

Drei Kinder nehmen gemeinsam einen Karton und stechen an der vorderen Seite circa 10 cm über dem Boden links und rechts zwei Löcher hinein. Die Schnur wird von außen nach innen gezogen und wieder hinaus. Die beiden Enden der Schnur werden miteinander verknotet. Ein Kind steigt nun in den Karton, die beiden anderen steigen in die Schnur. Nun ziehen sie den Karton mit dem Kind nach dessen Kommando durch den Raum. Nach einiger Zeit ist Wechsel, so daß alle Kinder einmal im Karton stehen dürfen und gezogen werden.

Sie können zueinander nicht kommen

Spieler/innen: zwei und mehr
Alter: ab 4 Jahren
Zeit: 10 Minuten
Material: kcincs
Ort: in einem ruhigen Raum

Zwei Kinder melden sich freiwillig als Fänger. Sie stehen jeweils auf der gegenüberliegenden Seite des Raumes. Die anderen Kinder stehen dazwischen. Die beiden Fänger dürfen nur fangen, wenn sie sich an den Händen festhalten. Das können die anderen Kinder verhindern, indem sie immer wieder versuchen, die beiden Fänger auseinanderzuhalten oder sie auseinanderzutreiben. Dabei dürfen die Fänger nicht mit der Hand festgehalten, sondern nur mit den Körpern blockiert werden. Haben es die Fänger mit viel Kraft geschafft, sich an den Händen zu fassen, brauchen sie nur zwei Kinder zu fangen; diese sind dann die nächsten beiden Fänger.

Zieht den Gegner

Spieler/innen: zwei und mehr
Alter: ab 4 Jahren
Zeit: 10 Minuten
Material: Klebeband oder eine Schnur
Ort: in einem ruhigen Raum

Das Spielfeld ist in der Mitte mit einer Schnur oder einem Streifen Klebeband geteilt. In beiden daraus entstandenen Feldern stehen gleich viele Kinder. Die Kinder versuchen sich nun gegenseitig ins eigene Feld zu ziehen. Hat ein Kind die Linie mit einem Fuß ganz überschritten, gehört es in die ziehende Gruppe und spielt nun dort genauso mit. Erst wenn alle Kinder sich gemeinsam in einem Feld zusammengefunden haben, ist das Spiel zu Ende.

Gemütliche Runde

Spieler/innen: zwei und mehr
Alter: ab 4 Jahren
Zeit: 10 Minuten
Material: keines
Ort: in einem ruhigen Raum

Die Kinder stellen sich in einen engen Kreis und schauen alle nach rechts. Sie halten sich an den Hüften des vor ihnen stehenden Kindes fest. Auf ein Zeichen gehen alle Kinder in die Knie. Dabei setzen sie sich auf die Oberschenkel des Kindes, das hinter ihnen steht. Die Kinder versuchen, möglichst lange so sitzen zu bleiben, ohne daß dabei jemand das Gleichgewicht verliert. Das geht nur, wenn sie sich gegenseitig stützen.

Register

Ideenbücher von Heike Baum

Messer, Gabel, Schere, Licht - warum denn nicht?
Kinder lernen spielerisch die Gefahr einschätzen
144 Seiten, Paperback
ISBN 3-451-26356-4

Eine Fülle von Spielideen rund ums „Verbotene" - so lernen Kinder spielerisch, Risiken richtig einzuschätzen und Gefahren zu vermindern.

Spiele aus Großmutters Zeit
Für Kinder von heute entdeckt
144 Seiten, Paperback
ISBN 3-451-23626-5

Eine umfangreiche Sammlung traditioneller Kinderspiele, die auch heute noch viel Spaß machen.

Starke Kinder haben's leichter
Spielerisch das Vertrauen in die eigene Kraft stärken
144 Seiten, Paperback
ISBN 3-451-26616-4

Ein einfühlsames Ideenbuch für alle, die Kindern dabei helfen wollen, „spielerisch" Selbstvertrauen und Stärke zu entwickeln.

HERDER

Im Buchhandel erhältlich!